통합예배가
다음세대를 살린다

통합예배가 다음세대를 살린다

저자 김원태

초판 1쇄 발행 2022. 1. 6.
초판 4쇄 발행 2024. 2. 23.

발행처 도서출판 브니엘
발행인 권혁선

책임교정 조은경
책임영업 기태훈
책임편집 브니엘 디자인실

등록번호 서울 제2006-50호
등록일자 2006. 9. 11.

서울특별시 송파구 백제고분로28길 25 B101호 (05590)
마케팅부 02)421-3436
편집부 02)421-3487
팩시밀리 02)421-3438

ISBN 979-11-90308-63-2 03230

독자의견 02)421-3487
이메일 editorkhs@empal.com

북카페 주소 cafe.naver.com/penielpub.cafe
인스타그램 @peniel_books

도서출판 브니엘은 독자들의 원고를 설레는 마음으로 기다리고 있습니다.
위의 이메일로 간단한 기획 내용 및 원고, 연락처 등을 보내주십시오.

도서출판 브니엘은 갓구운 빵처럼 항상 신선한 책만을 고집합니다.

「 매 주일 온 가족이 함께 드리는 행복한 통합예배 」

통합예배가
다음세대를
살린다

김원태 | 지음

브니엘

"우리가 우리 자녀를 예수의 제자로 삼지 않으면 세상이 우리 자녀를 제자 삼는다."

한국교회는 놀라운 부흥을 경험하였습니다. 그런데 그 부흥의 불길이 사라지고 있습니다. 그 원인은 부모에게 부어진 성령의 불길이 자녀에게 전달되지 않기 때문입니다. 하나님께서 부모인 우리에게 주신 영성이 자녀들에게 동일하게 전달되지 않는 것은 우리 부모의 책임입니다. 그 책임의 중심에는 교회가 있습니다. 교회가 달라져야 합니다. 교회가 달라지려면 무엇보다도 예배가 달라져야 합니다.

저는 개척 처음부터 삼세대가 함께 예배드리는 통합예배를 시작했습니다. 처음에는 주일학교 교사들의 반대가 있었지만 지금은 너무나 훌륭한 통합예배를 드리고 있습니다. 수지 기쁨의교회는 부모와 아이들이 행복해하는 교회입니다. 무엇보다도 자녀들이 예배를 좋아하고 행복해합니다. 저는 우리 교회의 삼세대가 함께 드리는 통합예배가 한국교회에 퍼지길 기도합니다. 부모세대보다 다음세대가 더 많이 모이고 더 많이 행복해하는 교회가 되길 원합니다.

그러나 우리 한국교회의 현실은 그렇지 않습니다. 점점 교회 수와 교인 수가 줄어들고 있습니다. 대부분의 사람들이 20년 후 한국교회를 염려합니다. 말은 하지만 분명한 대안이 없습니다. 저는 통합예배가 한국교회와 다음세대를 살리는 강력한 대안이라고 생각합니다. 다음세대 자녀들을 그리스도의 강력한 제자가 되도록 양육해야 합니다. 만약 부모인 우리가 자녀를 예수의 제자로 삼지 않는다면 이 세상이 세속적인 가치관으로 우리 자녀를 그들의 제자로 삼을 것입니다. 우리 자녀가 매주 말씀으로 무장되도록 해야 합니다.

그냥 어린이 예배 속에서 재미있는 예배만으로는 안 됩니다. 어린이들도 성령님의 강한 임재가 있는 살아 있는 예배를 드려야 합니다. 그렇게 하지 않는다면 우리 자녀들은 12년간의 주일학교를 마치는 날 믿음을 버리게 되는 비참한 현실을 맞이하게 될 것입니다. 저는 한국에 있는 모든 교회의 어린이와 청소년들이 그리스도의 강력한 군사로 키워지길 기도합니다. 그 최고의 방법은 바로 통합예배입니다. 그 통합예배를 소개합니다.

글쓴이 김원태

| Part 2 |
통합예배를 어떻게 할 것인가?

| Part 3 |

통합예배는 이런 결과를 낳는다

| Part 4 |
통합예배의 은혜를 나누다

한 장소에서 온 가족이 함께 예배드린다 | 삼세대가 함께 드리는 통합예배는 성
경적이다 | 통합예배가 다음세대를 영적으로 성숙시킨다 | 위대한 인물은 다 어
린 시절에 결정된다 | 모든 교인은 동일한 한 비전을 가져야 한다 | 성령이 임재
하시는 예배를 드린다 | 삼대가 함께 예배드림이 행복이다

왜 통합예배를
드리려고 하는가?

C·H·A·P·T·E·R·01

한 장소에서 온 가족이
함께 예배드린다

주일 아침, 11시 예배가 시작되기 전부터 교회가 왁자지껄하다. 여기저기 아기 울음소리도 들리고 어린아이들이 재잘거리다가 부모 곁에 자리 잡고 앉는다. 찬양이 시작되고 모두 조용히 예배드린다. 보통 교회와는 다르게 약간 어수선한 느낌이 든다. 예배당 안에는 가족들이 함께 앉아 있다. 부모와 어린아이들이 같이 앉아 있는 모습이 특이하다. 머리가 하얀 어르신들도 어린 손자들과 같이 앉아 있다.

20분 정도 함께 부르는 찬양 속에 모든 교인이 한마음이 된다. 어린아이들도 모두 열심히 찬양한다. 찬양은 복음찬송과 찬송가를 같이 부른다. 화면의 가사를 보면서 어린아이에서 할아버지에 이르기까지 모두 한마음이 되어 함께 찬양한다. 손을 들고 찬양을 부르는 이도 있고, 찬양하면서 은혜 속에 잠겨 우는 이도 있다. 이런 예배에 처음 참석한 사람들은 어린이들의 고운 목소리가 크게 나는 것을 보고 신기한 듯 입가에 미소를 지으며 쳐다보기도 한다.

찬양이 끝나고 설교가 시작된다. 설교는 아주 쉽고 간결하다. 특이한 것은 설교 시간에 장난치거나 조는 아이가 없다는 것이다. 어린아이들이 설교를 열심히 받아 적는 모습은 정말 신기하기만 하다. 간증 집회나 특별 집회에 강사로 온 분들은 어린아이들이 1시간이 넘는 강의 중에도 장난치지 않고 말씀에 집중하는게 큰 도전이 된다고 말한다.

예배 중 대부분의 교인들이 노트에 설교를 열심히 적는다. 어린아이들도 자기 노트에 말씀을 적고 있다. 이런 모습이 신기하기만 하다. 설교 중에 여기저기서 "아멘"을 한다. 물론 아이들도 함께 "아멘"을 한다. 예배는 엄숙하기보다 마치 신나는 축제의 잔치에 온 듯하다.

부모가 설교 중에 말씀을 듣다가 울면 옆에 있는 어린 딸이 손수건으로 닦아주기도 한다. 아이들은 부모가 예배 중에 왜 우는지 잘 모르지만 같이 은혜에 자리에 있는 것이 행복하기만 하다. 가끔 설교 중에 옆 사람의 손을 잡고 함께 복창하는 시간이 있다. 그

럴 때면 부모가 자녀와 손을 잡고 함께 복창한다. 그럴 때마다 따뜻한 가족애를 느낀다. 부모들은 이런 은혜의 자리에 자녀와 함께 있다는 자체만으로 행복해한다.

설교가 끝이 나면 통성으로 기도하는 시간을 갖는다. 아이들은 부모가 열심히 기도하는 모습에 도전을 받기도 하고 같이 열심히 기도하기도 한다. 어느 아이도 장난치지 않는다. 어떤 부모는 자기 자녀가 열심히 눈물로 기도하는 모습을 바라보다 같이 울먹이며 기도하기도 한다. 기도가 끝나면 모두 일어나 함께 찬양하고 축도로 예배가 끝난다. 모든 교인이 신나게 예배 마지막 찬양을 함께 부르면서 예배당을 빠져나간다.

모두 입가에 미소가 가득하다. 우리 교회에 처음 오는 이들이 한결같이 예배가 축제 같다고, 모든 교인의 얼굴에 기쁨이 넘친다고 말한다. 어떤 선교사는 자신이 한국의 수많은 교회를 다니면서 말씀을 전하고 예배를 드렸지만 수지 기쁨의교회처럼 기쁨이 넘치는 예배를 드리는 교회는 본 적이 없다고 말하였다. 우리 교회 예배 시간은 1시간 20분 정도로 보통 교회들보다 조금 길다.

예배를 마치면 모두 가족별로 움직인다. 다른 교회는 주일이 되면 교회까지는 같이 오지만 뿔뿔이 흩어져 각기 다른 부서에서 예배드리지만 기쁨의교회는 온 가족이 함께 예배드린다는 것이 너무나 감사할 뿐이다. 어떤 이는 자신이 외국에서 유학생활을 할 때 온 가족이 함께 예배드리다가 한국에 와서 가족과 함께 예배를 드리는 곳을 찾을 수가 없었는데 수지 기쁨의교회에 와서 온 가족이 함께 예배를 드릴 수 있어서 너무 행복하다고 말하였다.

"가정은 나의 대지다.
나는 거기서 나의 정신적인 영양을 섭취하고 있다." _ 펄벅

C·H·A·P·T·E·R·02

삼세대가 함께 드리는
통합예배는 성경적이다

어떤 사람은 어린이와 어른이 함께 예배드리는 것은 불가능하다고 말한다. 그러나 그것은 생각의 차이일 뿐이다. 어떤 교사는 어린이가 목사의 설교에 15분 이상 집중하는 것은 교육학적으로 무리라고 한다. 그것도 이론에 불과한 것이다. 나는 예배에 대한 모든 답이 성경에 있음을 안다. 구약시대에는 제사드릴 때 온 가족이 함께 예배드렸다.

아담이 범죄한 후 하나님께서 이 세상을 대홍수로 심판하셨다. 그때 노아 가족은 방주에 들어가 대홍수를 피하였다. 노아 가족은 방주 안에서 370일을 지낸 후 땅에 물이 빠져 뭍에 내릴 수 있었다. 노아의 가족은 땅에 내리자마자 온 가족이 함께 감사와 감격의 첫 제사를 드렸다. 그 예배는 노아의 아내와 세 아들과 며느리들이 함께 드린 가족예배였다(창 6:18-20).

아브라함은 본토 친척 아비 집을 떠나 갈 바를 알지 못하고 하나님께서 말씀하시는 곳으로 향해 떠났다. 아브라함은 벧엘에 도착하여 제단을 쌓고 예배를 드렸다. 그 예배 역시 아브라함 온 가족이 함께 드린 가족예배였다(창 12:7-8).

야곱은 삼촌 라반의 집에서 4명의 부인과 결혼하고 자녀 12명을 낳아 대가족을 이루었다. 야곱은 형 에서와 화해하고 벧엘에 도착하여 제단을 쌓고 예배를 드렸다. 그 예배는 야곱 가족은 물론이거니와 그와 함께하는 모든 이와 함께 드린 가족예배였다(창 35:1-7).

이스라엘 자손이 애굽에서 나와 시내 광야에서 첫 유월절 예배를 드릴 때 모든 백성이 모여 예배를 드렸다(민 9:1-5). 그들의 예배는 온 가족과 함께 드리는 예배였다. 욥은 매일 온 가족과 함께 하나님께 제사드렸다.

유대인의 예배는 언제나 가족예배였다. 이것은 구약에서만이 아니라 신약에서도 동일하다. 예수님께서 설교하시는 장소에 어른뿐 아니라 어린아이들도 같이 참석하였다. 그래서 예수님은 어린아이들이 자신에게 오는 것을 금하지 말라고 말씀하셨던 것이다.

"사람들이 예수께서 만져주심을 바라고 어린아이들을 데리고
오매 제자들이 꾸짖거늘 예수께서 보시고 노하시어 이르시되
어린아이들이 내게 오는 것을 용납하고 금하지 말라. 하나님
의 나라가 이런 자의 것이니라"(막 10:13-14).

사도행전 1~2장에 120명의 초대교회 교인이 모여 기도하는 장
면이 나온다. 그 기도 모임에는 남자만 있었던 것이 아니다. 여자
들도 있었고, 예수님의 어머니인 나이가 많은 마리아도 있었으
며, 예수님의 친동생들도 있었다. 여자들이 있었다는 것은 어린
아이들도 있었다는 것을 말해준다.

초대교회는 건물 중심의 교회가 아니라 가정 중심의 교회였
다. 사도들이 초대교회 교인의 가정을 방문하면 그 가정 주위에
있는 자들이 모여 함께 예배드렸다. 그 예배에는 온 가족이 참여
하였다.

고넬료가 자기 집에 베드로를 불러 설교를 들었을 때 고넬료
가족은 물론이고 고넬료 집 안에 있는 모든 사람이 같이 예배드
렸다. 고넬료는 로마의 백부장이다. 그래서 그의 집에는 로마의
병사들도 있었고 종들도 있었다. 이 베드로의 설교를 듣는 자들
속에는 어린아이도 있었고 나이가 많은 노인도 있었다.

사도행전 18장에 보면 사도 바울이 고린도에서 설교할 때 회당

장 그리스보가 온 집안과 더불어 주를 믿게 되었다. 온 집안이라는 말은 어린아이에서 노인까지를 포함하는 말이다. 그리스보가는 온 가족이 함께 가족예배를 드린 것이다.

사도행전 20장에는 사도 바울이 드로아에서 설교할 때 청년 유두고가 창가에서 졸다가 떨어져 죽었다가 살아나는 사건이 나온다. 이 장면은 바울이 설교하던 집에 수많은 사람들이 가득 차 있어서 창가에까지 앉아야 하는 상황이었다는 것을 알 수 있다. 이렇게 많은 사람으로 가득 찼다는 것은 그 집안에 청년들은 물론이고 어린아이들도 있었다는 것을 말한다.

사도행전 21장에 보면 바울이 제3차 전도여행을 마칠 무렵 두로에 도착하여 그곳에 있는 제자들을 만나는 장면이 나온다. 바울은 그곳에서 여러 날을 지내다가 떠나게 된다. 바울이 그곳을 떠날 때 그 제자들이 처자와 함께 나와서 전송하였다.

"이 여러 날을 지낸 후 우리가 떠나갈새 그들이 다 그 처자와 함께 성문 밖까지 전송하거늘 우리가 바닷가에서 무릎을 꿇어 기도하고"(행 21:5).

여기에 '처자'라는 말 안에는 어린아이도 포함된다. 어린아이가 함께 있었다는 것은 그들도 바울의 설교를 함께 들었다는 사실을 암시하는 것이다.

히브리서 11장을 보면 초대교회 교인들이 예배드린다는 이유로 체포되어 감옥에 들어가기도 하고, 짐승에게 먹혀 죽기도 하며, 땅굴 속에 숨기도 하였다. 초대교회 교인들이 핍박받는 장면이 그림으로 남아 있다. 그 그림에는 대부분 가족이 함께 있는 모습이다. 로마 카타콤의 지하 벽화에도 어린아이들이 함께 예배드리는 모습이 있다. 이런 것을 보면 어린아이들과 함께 예배드리는 것이 가장 성경적이고 당연한 일이다.

초대교회에서 어린이들은 하나님 공동체의 일부였다. 어린이들은 언제나 어른들과 함께 예배드렸다. 초대교회는 오늘날 교회들처럼 어린이와 어른을 일부러 갈라놓지 않았다. 초대교회는 어린아이들도 똑같이 어른들처럼 예배의 구성원이었다.

우리 교회가 어린이들과 함께 통합예배를 드리는 것은 특별한 일이 아니다. 그것은 구약성경과 신약성경에서 이미 통합예배를 드린 것을 그대로 따라 할 뿐이다. 성경에서는 단 한 번도 어린이들만을 위한 예배를 따로 드린 적이 없다.

언젠가 부산의 어느 교회를 섬기는 수석장로가 오셔서 예배를 드리고 새가족실에 들어왔다. 그분은 이런 말을 하였다.

"우리 교회는 예배 시간에 바늘 하나만 떨어져도 들릴 만큼 엄숙하고 조용한 예배를 드리는데 이 교회는 너무 어수선한 것 같다는 생각이 들었습니다. 처음에는 이 교회의 예배에 어린아이들이 있어서 불편했지만 나중에는 '아! 이것이 진짜 예배가 아닌가?'라는 생각이 들었습니다."

엄숙보다 중요한 것은 생명이 살아 움직이는 것이다. 교회는 쥐 죽은 듯이 조용한 절간이 아니다. 교회는 어린아이에서부터 할아버지까지 함께 어울려 예배드려야 하는 살아 있는 공간이 되어야 한다. 구약에도 신약에도 다 가족들이 함께 통합예배를 드렸다면 우리도 그렇게 해야 하지 않겠는가? 사람이 사람을 바꿀 수 없다. 교육이 사람을 바꿀 수 없다. 오직 하나님을 만나는 예배만이 사람을 바꿀 수 있다.

"예배는 교회의 잃어버린 보물이다." _토저

통합예배가 다음세대를
영적으로 성숙시킨다

어린아이들을 한꺼번에 다 모아놓고 율동하고 게임을 한다면 계속 어린아이에 머물러 있을 것이다. 하지만 어린아이들이 어른과 함께 모여 찬양하고 어른이 듣는 설교를 듣게 하면 굉장히 빨리 영적으로 성숙하게 될 것이다. 찬양은 게임이나 재미 위주의 놀이가 아니다. 찬양은 온 마음으로 온 정성을 다해 하나님을 높이는 것이다. 찬양은 내가 그분 앞에 겸손히 낮아지는 것이다. 찬양은 내 영혼이 그분에게 반응하는 것이다.

설교는 재미있는 이야기를 듣거나 눈으로 즐기는 쇼가 아니다. 설교는 살아 있는 하나님의 말씀이 선포되는 것이다. 학교 교육은 학생들을 학년별로 나누어 가르치는 것이 효과적이라고 하여 아이들을 학년별로 나누었다. 예배는 학문을 전하는 것이 아니다. 예배는 지식을 전하는 것이 아니다. 예배는 전인적인 모습으로 하나님께 우리의 인격과 마음을 드리는 것이다. 구약에 하나님께 제사를 드릴 때 나이별로 예배드린 적이 없다. 그들이 제사를 드릴 때는 온 가족이 함께 제사를 드렸다. 하나님께 예배드림은 나이와 상관이 없다.

우리 교회 아이들은 예배 시간에 찬양이 무엇인지 안다. 찬양 시간에 열정적으로 뜨겁게 하나님을 찬양한다. 어린아이들이 어른들과 함께 찬양을 하다가 어른들이 눈물 흘리는 것을 자주 본다. 어린아이지만 어른들이 찬양을 드리는 모습 속에서 함께 도전을 받는다.

설교를 들으면서 자주 "아멘"으로 화답하는 소리를 듣게 된다. 아이들도 "아멘"을 한다. 그들도 어른들이 설교를 듣다가 왜 "아멘"을 하는지 안다. 설교를 들으면서 아이들도 말씀을 메모한다. 설교를 메모한다는 것은 아이들이 설교에 집중하고 있다는 것을 말한다.

대학생이 되면 학교에서 교수님들의 강의를 메모하게 된다. 우리 교회 아이들은 대학생 때 할 것을 이미 어린 시절부터 훈련한다. 말씀을 매주 메모하는 일이 훈련이 된다는 것은 큰 축복이다. 우리 교회 아이들은 모두 말씀 노트를 가지고 있다. 그 노트가 자신의 큰 보물이 된다. 혹시 우리 교회를 떠나 다른 곳에서 예배를 드릴 때도 노트에 말씀을 적는 것이 훈련되어 있다.

아이들을 어린아이로만 취급하면 어린아이에 머물게 되고 아이들을 어른으로 대하면 어른처럼 성숙해진다. 나는 작은 씨앗 속에 숨겨진 큰 숲을 바라본다. 우리 아이들이 이렇게 어른들의 메시지를 들으면서 큰 영적 거목으로 자랄 것을 기대한다. 이들이 나중에 한국을 이끌어갈 거목이 될 것을 미리 믿음으로 바라본다.

어른을 위한 설교와 어린이를 위한 설교가 크게 다르지 않다. 어른이나 어린이 할 것 없이 다 같은 문제를 가지고 있다. 단지 관심이 조금 다를 뿐이다. 어린아이도 문제가 있고 어른도 문제가 있다. 어린아이도 고민이 있고 어른도 고민이 있다. 어린아이들을 너무 어린애 취급하지 말라. 그들은 이미 모든 것을 다 가지고 있다.

예수님은 열두 살에 성전에 가서 그 당시에 해박한 지식을 가진 랍비들과 함께 성경을 논할 정도로 뛰어난 성경 지식을 가지고 있었다. 그것은 예수님이 신이셨기 때문이라고 하며 우리 교회 아이들과는 다르다고 말하지 말라. 예수님도 이미 어린 시절부터 말씀을 꿰뚫고 있었던 것이다. 우리 아이들도 어린 시절부터 어른처럼 하나님의 말씀을 알고 있어야 한다.

우리 교회에는 매년 5월 첫 주에 성경 중 중요한 부분을 나름대로 선별해서 전교인이 함께 암송하는 프로젝트를 갖는다. 새해에 암송을 시작하여 약 4개월간 시간을 갖는데 5월 첫 주가 어린이 주일이어서 더 좋다. 처음에는 시편 23장을 하였다. 짧은 구절이어서 전교인이 다 암송하며 예배드렸다. 참 좋았다.

그 다음 해에는 산상수훈인 마태복음 5~7장 전체를 암송하기로 하였다. 연초에 5월 첫 주까지 암송할 것을 발표하고, 온 교인이 1월 첫 주부터 5월 첫 주까지 말씀 암송에 열심을 낸다. 드디어 5월 첫 주에 모든 교인이 산상수훈 3장을 암송했는데 큰 은혜가 있었다. 약 20분 동안 암송하지만 누구 하나 장난을 치거나 구경하는 자가 없었다. 모두 예수님의 산상수훈을 진지하게 암송하며 은혜를 받았다. 예수님의 말씀 자체를 20분 동안 내리 암송하는데 큰 감동의 파도가 지나갔다. 우리는 말씀 암송이 끝나자 모두 박수를 쳤다. 흥분과 감동의 도가니였다. 어린아이들을 말씀으로 무장을 시키는 것이 얼마나 좋은지 모른다.

우리 가족은 가끔 장거리 여행을 하면 차 안에서 말씀 암송 시간을 가지거나 찬송가를 생음악으로 계속 같이 부른다. 언젠가 온 가족이 인도네시아에 가서 한 달을 안식월로 선교사님 가정에서 보낸 적이 있다. 우리가 인도네시아 안에서 다른 지역 선교지로 옮길 때마다 선교사님 차를 타고 찬송가를 보지도 않고 그냥

1절에서 4절까지 부르고, 또 다른 찬송가를 1~4절까지 계속 메들리로 부르자 선교사님 부부가 탄복하였다. 어떻게 이렇게 아이들이 성경을 많이 암송하고 찬송가 가사를 많이 외울 수 있느냐고 물었다. 우리에게 그것이 별로 새삼스러운 일이 아니다. 온 교인이 매주 찬송가를 함께 부르기에 저절로 외워지는 것이다. 그 선교사님은 우리 자녀들에게 이런 칭찬을 해주셨다.

"목사님의 자녀들을 보면서 사람이 아름답다는 말을 처음으로 하게 되었습니다."

신약성경에 나오는 사복음서 중에 가장 먼저 기록된 복음서는 마가복음이라고 신학자들은 말한다. 마가복음은 사복음서의 근간이 되는 중요한 책이다. 이 마가복음을 기록한 사람은 사도행전 2장에 나오는 마가의 다락방을 제공한 마리아의 아들이다. 마가는 마리아의 아들이고 바나바의 조카이다. 바나바와 마리아는 오누이다. 이들은 재산을 많이 물려받은 부유한 집안의 아들과 딸이었다. 바나바는 자신의 재산을 초대교회에 내놓아 권위자라는 별명을 가지게 되었다. 마가의 어머니 마리아는 자신의 집을 초대교회 교인들의 모임 장소로 자주 내주었다.

사도행전 2장에 나오는 오순절 성령의 불이 임한 그 장소가 바로 마가의 집이다. 그 집이 얼마나 큰지 120명의 성도가 10일 동안 먹고 씻고 자고 할 수 있었다. 마가의 어머니는 120명의 초대교인이 10일 동안 모여 간절히 기도할 수 있는 장소를 제공한 믿음이 큰 여인이었다. 그곳에 모인 120명 중에는 예수님의 어머니 마리아를 포함하여 많은 여인이 있었다. 여인들이 있었다는 것은 어린아이들도 있었다는 것을 의미한다. 숫자에는 포함되지 않았을지 몰라도 어린아이들도 함께 예배드리고 기도했을 것이다.

물론 이 자리에 어린 마가도 분명히 있었을 것이다. 어린 마가는 자신의 집에서 예배를 드릴 때마다 예수님의 열두 제자 중에 수제자인 베드로가 설교하는 것을 자주 보았다. 어린 마가는 그 예배에 참석하여 베드로의 설교를 자주 들었고 베드로와 친하게 되었다. 훗날 베드로는 어린 마가를 불러 마가복음을 기록하게 하였다.

만약 어린 마가가 초대교회 예배에 어린 시절부터 참석하지 않았더라면 그는 결코 베드로를 알 수도 없었고, 베드로의 사랑을 받을 수도 없었을 것이다. 그가 베드로와 친하지 않았다면 그는 위대한 마가복음을 기록할 수 없었을 것이다. 어린 마가는 어른들과 함께 예배드리면서 예수님 제자들의 설교를 들었고 믿음을 키웠다. 또 자신의 집 다락방에서 성령이 임하기 위해 120명의 성도가 간절히 기도할 때 그도 그 자리에 있었고, 120명의 성도가 성령을 받을 때 그도 성령을 받았을 것이다.

당신의 자녀를 예배의 감격에 뛰어들게 하라. 당신의 자녀가 찬송 속에서 하나님을 만나게 하라. 당신의 자녀가 주일예배 설교를 통해 하나님을 만나게 하라. 당신의 자녀는 결코 어리지 않다. 당신의 자녀가 성경을 기록할 만한 위대한 인물이 될 것이다.

"내가 배웠던 교훈 중 가장 위대한 교훈은
어머니 무릎에서 배운 것이다." _ 링컨

위대한 인물은 다
어린 시절에 결정된다

미국 펜실베이니아에는 아미쉬 마을이 있다. 이 마을 주민들은 신앙을 지키기 위해 현대 문명을 등지고 공동체를 이루어 살아가고 있다. 그들은 현대인이 누리는 문명을 거절한다. 지금도 그들은 차를 타지 않고 마차를 끌고 다니고, 전기를 쓰지 않고 기름으로 불을 밝히고 살아간다. 물론 TV나 전화도 사용하지 않는다. 옷도 검은 옷을 입고 농사를 짓고 살아간다.

간혹 그곳에서 자란 청년이 아미쉬 마을을 탈출하여 뉴욕으로 가서 현대 문명을 즐기며 사는 자들이 있다. 그들은 현대 도시에서 누구보다도 뛰어난 독립정신으로 금방 성공한다. 하지만 그들중 90% 이상이 다시 아미쉬 마을로 돌아간다. 이유는 도시생활이 참 만족을 주지 못한다는 것이다. 이처럼 어린 시절의 믿음은 정말 중요하다.

천주교에서는 자녀들을 일곱 살까지만 자신들에게 맡겨 달라고 말한다. 그 후에는 기독교로 데려가든 불교로 데려가든 상관하지 않겠다는 것이다. 정말 무서운 말이다. 그들은 어린 시절의 중요성을 아는 자들이다. 어린 시절에 천주교의 문화에서 자라면 나중에 반드시 다시 천주교로 돌아온다는 것을 믿고 있다. 정말이다. 사람은 누구나 어린 시절로 돌아가게 되어 있다. 음식도 나이가 들수록 어린 시절에 먹었던 것을 먹게 된다.

어린 시절에 운동이 익숙한 사람은 나이가 들어도 운동을 한다. 나는 초등학교 시절에 체조선수였다. 중학교에 들어가서는 평범한 학생으로 공부의 길로 들어섰다. 하지만 어린 시절에 운동을 즐겼기에 지금도 운동을 좋아한다. 아무리 비가 와도 혼자 뛰는 것을 좋아한다. 운동이 중요해서 하는 것이 아니다. 어린 시절에 운동을 몸에 익혔기 때문에 저절로 하는 것이다.

음악 거장들의 공통점이 아주 어린 시절부터 음악을 접했다는 것이다. 베토벤은 할아버지, 아버지가 다 음악가였다. 베토벤의 아버지는 아들을 음악 신동으로 만들기 위해 아주 어린 시절부터 엄격하게 음악교육을 시켰다. 바흐는 9세 때 어머니가 죽고 10세 때 아버지가 죽은 뒤 형에게 맡겨져 그때부터 음악교육을 받았다. 헨델은 11세에 교회 오르가니스트 견습생으로 음악을 시작했다. 무언가 어떤 부분에 큰 인물이 되려면 어린 시절부터 준비해야 된다.

사무엘은 한나의 간절한 기도로 태어난 아들이다. 한나는 아들을 주시면 하나님께 드리겠다고 서원하였다. 그래서 정말 한나는 자신보다도, 금보다도 소중한 아들을 성전에 드렸다. 그래서 사무엘은 아주 어린 시절에 부모를 떠나 성전으로 갔다. 성경에는 젖을 떼자마자 갔다고 기록하고 있으니 아마 사무엘의 나이가 세 살 정도였으리라 짐작된다.

> "젖을 뗀 후에 그를 데리고 올라갈새 수소 세 마리와 밀가루 한 에바와 포도주 한 가죽부대를 가지고 실로 여호와의 집에 나아갔는데 아이가 어리더라"(삼상 1:24).

어려도 너무 어린 나이다. 어린 사무엘이 얼마나 어머니가 보고 싶었을까? 1년에 한 번 어머니인 한나가 사무엘을 찾아와서 음식도 주고 옷도 주었다. 어린 사무엘은 어머니인 한나를 보고 울었을 것이다. 그때 한나는 무슨 말을 하였을까? 추측하건대 이런 말을 하였을 것이다.

"사무엘아, 울지 마라. 너는 평범한 아이가 아니다. 너는 이 시대를 이끌 영적 거장이 될 것이다. 내가 매일 너를 위해 기도하고 있다. 너에게는 하나님의 특별한 계획이 있단다."

사무엘은 어린 시절부터 어머니 기도의 눈물을 먹고 자랐다. 사무엘은 매일 성전에서 예배드리는 일에 필요한 모든 잡무를 다 담당하며 자랐다. 그에게는 성전이 집이자 학교였고 교회였다. 결국 사무엘은 사사 전국 시대를 끝내고 선지자 시대를 여는 영적 거장이 되었다.

사무엘과 삼손은 동시대 사람이다. 삼손은 재능도 있고 은사도 있고 돈도 있었지만 그에게는 영성이 없었다. 사무엘은 재능도 없고 은사도 없고 돈도 없었지만 그에게 영성이 있었다. 그 사무엘의 영성은 어린 시절에 생긴 것이다. 결국 영성이 있는 자를 하나님께서 쓰시는 것이다.

구약성경에서 정말 중요한 인물을 말하라고 하면 다윗을 꼽을 것이다. 그는 예수님의 족보에 등장하는 중요한 인물이다. 신약성경에서는 다윗을 예수님의 족보를 여는 인물로 소개한다. 마태복음 1장 1절에 보면 "아브라함과 다윗의 자손 예수 그리스도의 계보라"고 기록하고 있다. 예수님을 아브라함과 다윗의 자손으로 소개한다. 다윗이 그만큼 중요한 인물이라는 뜻이다. 성경에 다윗이라는 이름이 800번 이상 나온다. 성경에서 구약의 왕들을 평가할 때 다윗의 삶이 기준이 되었다. 열왕기하 16장 2절에 보면 이런 말씀이 있다.

"아하스가 왕이 될 때에 나이가 이십 세라. 예루살렘에서 십육년간 다스렸으나 그의 조상 다윗과 같지 아니하여 그의 하나님 여호와께서 보시기에 정직히 행하지 아니하고."

무슨 말인가? 아하스가 왕으로 살았지만 그 조상 다윗과 같지 않았다는 것이다. 그러므로 '왕이 왕 노릇을 잘했느냐 못했느냐?' 그 기준을 다윗 왕으로 삼았다는 것이다.

다윗은 언제부터 이런 엄청난 영성을 가졌는가? 사무엘 선지자가 이새 집안에 와서 이새 아들 중에 왕으로 기름 부을 자가 있다고 말하였을 때 다윗의 나이는 십대였다. 불과 스무 살도 되지 않은 어린 다윗이 미래의 왕으로 기름 부음을 받았다. 그는 이미 십대 나이에 자연을 보면서 하나님을 높였고, 자연 속에서 하나님을 보았으며, 하나님을 만났다. 다윗은 시편에서 이런 고백을 한다.

"주 여호와여 주는 나의 소망이시요 내가 어릴 때부터 신뢰한 이시라. 내가 모태에서부터 주를 의지하였으며 나의 어머니의

배에서부터 주께서 나를 택하였사오니 나는 항상 주를 찬송하리이다"(시 71:5-6).

"하나님이여 나를 어려서부터 교훈하셨으므로 내가 지금까지 주의 기이한 일들을 전하였나이다"(시 71:17).

다윗은 어릴 때부터 하나님을 신뢰하였고 항상 하나님을 찬양하며 살았다. 하나님께서 말씀하시는 음성을 듣고 그 음성에 순종하며 살았다. 다윗이 이런 고백을 할 수 있는 것은 어린 시절에 이미 하나님을 체험하였고 하나님을 경외하였기 때문이다.

다윗의 집안이 특별한 귀족은 아니었다. 다윗의 동네는 베들레헴이었다. 베들레헴은 그냥 유다의 작은 마을에 불과했다. 그 작은 마을에서도 들판에서 양을 치며 사는 가난한 집안에서 태어났다. 게다가 그 집에서도 가장 작은 막내였다. 그렇다고 그가 특별한 교육을 받은 것도 아니었다. 그는 십대 나이에 들판에서 양을 치는 목동에 불과하였다. 하지만 그는 어린 목동 시절부터 늑대나 곰과 싸우면서 하나님을 신뢰하였다. 그는 어린 시절에 하나님이 살아계심을 체험했다.

그는 들판에서 양을 치면서 매일 떠오르는 태양을 보고 하나님을 느꼈다. 그에게는 대자연이 학교였고 교실이었다. 아주 어린 시절부터 하나님께서 그에게 말씀하시는 음성을 들었다. 그는 어린 시절에 하나님의 교훈을 받아들였다. 결국 다윗의 영성은 어릴 때 형성된 것이다. 무엇보다도 다윗이 어린 시절부터 부모와 함께 제사드리고 부모와 함께 예배드렸던 것이 그의 영성에 가장 큰 영향을 끼쳤다.

어린 시절에 하나님의 음성을 듣고 하나님을 경험하게 되면 평생 믿음으로 살게 된다. 결국 어린 시절의 믿음이 평생의 믿음을 결정하는 것이다. 부모가 자녀에게 해줄 수 있는 최고의 축복은 자녀의 어린 시절에 하나님을 경험하게 해주는 것이다.

다니엘은 귀족 집안에 태어나 어린 시절부터 믿음을 가지고 살았다. 그는 17세 정도의 나이에 바벨론 땅에 포로로 잡혀갔다. 그는 손에 쇠사슬이 채워져 포로로 끌려갔다. 부모와 생이별한 어린 소년이 포로가 되어 강제로 끌려갈 때 얼마나 무섭고 두려웠겠는가? 그가 바벨론 땅에 도착하여 보니 그의 눈에 보이는 것은 모두 더럽고 추한 이방 문화뿐이었다.

그는 이방 왕의 환관장에게 맡겨졌다. 그의 생사가 환관장에게 달려 있었다. 환관장은 다니엘에게 이방 신전에 바쳐진 음식을 먹으라고 했다. 그는 자유인이 아니고 노예였다. 그는 자기 미래를 알 수 없었다. 언제 죽을지 모르는 불안한 상황에 있었다. 하지만 그는 이방 신전에 바쳐진 음식으로 자신을 더럽히지 않겠다고 결심하고 용감하게 환관장에게 자기 뜻을 말하였다.

> "다니엘은 뜻을 정하여 왕의 음식과 그가 마시는 포도주로 자
> 기를 더럽히지 아니하리라 하고 자기를 더럽히지 아니하도록
> 환관장에게 구하니"(단 1:8).

십대 나이에 음식을 거절한다는 것은 정말 대단한 결심이다.
더구나 포로 신세로 자신의 안위를 책임지는 환관장에게 그런 말
을 한다는 것은 정말 엄청난 믿음이다. 그가 잘못 말하면 바벨론
왕궁에서 쫓겨날 수도 있고 감옥에 들어갈 수도 있었다. 그래도
그는 하나님을 경외하는 마음이 있었기에 왕의 진미를 먹지 않겠
다고 담대히 말했던 것이다.

다니엘이 17세 나이에 어떻게 이런 담대한 행동을 할 수 있었
는가? 그가 이미 어린 시절 부모와 함께 있을 동안에 하나님을 경
외하는 믿음을 가졌던 것이다. 그는 매일 집안에서 부모와 함께
드리는 예배와 제사를 통해 하나님을 경험한 자였다. 어린 시절
에 가진 믿음이 17세에 "뜻을 정하여"(단 1:8) 보인 것이다. 우리
자녀들도 17세 이전에 뜻을 정하는 믿음을 가져야 대학에 가서
겪는 모든 이방 문화를 이겨낼 수 있다.

다니엘이 뜻을 정하였을 때 무슨 일이 일어났는가? 환관장이

다니엘을 돕는 자로 변하였고(단 1:9), 하나님께서 다니엘에게 지혜를 주셔서 꿈을 알게 하셨다(단 1:17). 다니엘이 받은 지혜는 일반 사람의 10배나 뛰어난 지혜였다(단 1:20). 다니엘은 이미 어린 시절에 이런 큰 믿음을 가졌다. 영성은 나중에 나이가 들어 생기는 것이 아니라 어린 나이에 결정된다. 그러므로 부모는 자녀가 어린 시절에 영성을 갖도록 도와주어야 한다.

하나님은 영성이 있는 사람을 쓰신다. 당신의 자녀를 영성이 있는 자로 성장시키기 바란다. 어린 시절의 중요성은 말하지 않아도 다 잘 알고 있는 사실이다. 어린 시절이 정말 중요하다. 그렇다면 어린이 예배를 점검해야 한다. 지금처럼 어린아이만 따로 모아놓고 재미 위주의 어린이 예배를 드리는 것은 한번 생각해볼 문제이다.

사탄은 어떻게 해서든지 우리 아이들을 부모로부터 떼어놓으려고 한다. 모세가 애굽의 바로 왕에게 가서 이스라엘 백성들을 광야로 보내 하나님께 예배드리게 해달라고 요청하자 바로 왕은 단호하게 거절하였다. 애굽 땅에 10가지 재앙이 내리기 시작하였다. 피, 개구리, 이, 파리, 돌림병, 악성종기, 우박, 메뚜기…. 이 8가지 재앙이 내렸을 때(아직 흑암과 장자의 죽음이라는 재앙이 내리지 않았다) 바로 왕은 모세에게 아주 이상한 제안을 하였다. 그것은 어린아이들을 두고 장정만 가라는 것이었다.

"바로가 그들에게 이르되 내가 너희와 너희의 어린아이들을 보내면 여호와가 너희와 함께 함과 같으니라. 보라. 그것이 너희에게는 나쁜 것이니라. 그렇게 하지 말고 너희 장정만 가서 여호와를 섬기라. 이것이 너희가 구하는 바니라. 이에 그들이 바로 앞에서 쫓겨나니라"(출 10:10-11).

모세는 바로의 유혹을 거절했다. 모세는 어린아이들의 중요성을 너무나 잘 알고 있었다. 만약 모세가 장정만 데리고 떠났다면 모세의 비전은 광야의 삶으로 끝나고 말았을 것이다. 하나님은 결코 우리 자녀들을 부모로부터 분리하지 않으신다. 우리 자녀들은 언제나 부모와 함께 예배드리는 자리에 있어야 한다.

사탄은 언제나 어린아이들이 부모와 함께 있지 못하도록 공격한다. 사탄은 유아기의 중요성을 누구보다도 잘 알고 있다. 모세는 유아기에 부모로부터 분리되는 공격을 받았다. 예수님은 유아기에 헤롯으로부터 죽임 당할 공격을 받았다. 전세계의 아이들이 유아 때 기아와 질병으로 죽어가고 있다.

오늘날 우리 교회는 별생각 없이 자녀를 부모로부터 분리시켜 예배드리는 오류를 범하고 있다. 자녀가 어릴 때 예배에서 은혜를 받지 못한다면 결국 믿음을 버리게 되어 있다. 우리는 우리 자녀를 은혜받는 자리로 데려와야 한다. 십대 때나 청년 때 자녀 문제가 생겨 울면서 억지로 자녀를 은혜의 자리에 데려오려고 하지 말고, 부모의 말을 잘 듣는 어릴 때부터 같이 예배드려야 한다.

하나님은 우리에게 자녀들과 함께 예배를 드릴 수 있는 자연스러운 기회를 주셨다. 그 기회를 놓치면 안 된다. 당신의 자녀는 평범하지 않다. 당신의 자녀는 이 시대를 이끌 인물이다. 당신의 자녀가 이 시대에 태어난 것은 하나님의 전략이다. 당신의 자녀를 평범하게 키우지 말라. 당신의 자녀를 다음 시대를 살릴 인물로 보라. 당신의 자녀는 결코 평범하지 않다. 당신의 자녀 안에 다음세대를 향한 하나님의 보물이 심겨 있다. 당신의 자녀를 잃는다는 것은 다음세대를 잃는 것이다. 당신에게는 당신의 자녀를 영적인 거장으로 키울 수 있는 특권과 책임이 있다.

"어린 나무에 새긴 글은 나무가 클수록 글씨가 커진다." _ 무명

C·H·A·P·T·E·R·05

모든 교인은 동일한
한 비전을 가져야 한다

구약의 광야교회 성도들은 모세를 통해 한 설교를 들었다. 그들은 모세를 통해 한 비전을 가졌다. 또 하늘에서 내리는 만나라는 동일한 음식을 먹었다. 목마를 때에는 반석에서 터지는 한 생수를 마셨다.

"모세에게 속하여 다 구름과 바다에서 세례를 받고 다 같은 신령한 음식을 먹으며 다 같은 신령한 음료를 마셨으니 이는 그들을 따르는 신령한 반석으로부터 마셨으매 그 반석은 곧 그리스도시라"(고전 10:2-4).

한 교회에는 한 가지 비전이 존재해야 한다. 우리 속담에 "사공이 많으면 배가 산으로 간다"는 말이 있다. 이 말은 한 공동체가 가고자 하는 비전은 하나여야 한다는 뜻이다. 이스라엘 백성들이 430년 동안 애굽의 노예로 살다가 출애굽할 때 모세라는 한 지도자가 있었다. 그들은 모두 모세의 말에 귀를 기울이고 모세의 말에 따라 움직였다. 200~300만 명이 넘는 엄청난 백성이 기적적으로 홍해를 건너고 거친 광야 길을 갈 수 있었던 것은 가나안 땅이라는 한 비전이 있었기 때문이다. 하나의 비전은 강력한 힘을 가진다. 하나의 비전은 거친 광야의 고난을 이기게 해준다.

초대교회는 강력한 힘을 가졌다. 로마의 핍박이 있음에도 순식간에 팔레스타인 땅을 예수의 피로 물들게 하였다. 그들에게는 누구도 깰 수 없는 하나 됨이 있었다. "믿는 무리가 한마음과 한뜻이 되어"(행 4:32)라는 표현은 그들의 강력한 힘이 어디에서 나왔는지 보여준다.

한마음 한뜻을 갖는 것은 정말 중요하다. 교회의 중요성을 잘 말씀해주시는 에베소서에도 하나 됨의 중요성을 기록하고 있다.

"몸이 하나… 성령도 한 분… 부르심의 한 소망… 주도 한 분… 세례도 하나… 하나님도 한 분이시니…"(엡 4:4-6).

한 교회에는 한 가지 비전이 존재해야 한다. 비전은 참 좋은 것이다. 하지만 비전이 두 개인 것은 Division(분열)이라고 한다. 한 교회에는 한 비전이 존재해야 한다. 한 교회는 담임 목사를 중심으로 온 교회가 동일한 비전을 가져야 한다. 담임 목사의 비전과 교육부서의 비전이 다르면 교회가 나뉠 위험을 안고 있는 것이다. 전교인이 함께 예배드리면서 동일한 메시지를 듣는다면 한 비전이 세워진다. 이런 교회는 시간이 흐를수록 든든히 세워질 것이다.

많은 교회에 기성세대와 다음세대 간의 갈등이 존재한다. 그것은 예배가 다르기 때문이다. "조용히 내리는 이슬에 옷이 흠뻑 젖는다"는 말이 있다. 매주 동일한 메시지에서 강조하는 비전은 교인들을 서서히 비전에 젖어들게 한다. 한 목회자가 한 교회에서 20~30년 동일한 비전을 계속 전한다면 그 비전은 세대를 거쳐 전해지게 된다. 예수님의 비전은 제자들에게 전달되었고, 제자들의 비전은 초대교회에 전달되었다. 한 교회는 담임 목사를 중심으로 한 비전, 한마음, 한 생각을 가져야 한다.

존 비비어 목사가 어느 교회에서 부목사로 있을 때 셀 교회에 대한 비전을 가지고 자신이 담당한 부서의 리더들을 모두 셀 체제로 바꾸어 훈련했다. 그는 자기 부서 전체를 셀 체제로 바꾸기 직전에 담임 목사를 만나 셀 체계 변화에 대한 의견을 나누고 허락을 구했다. 하지만 담임 목사는 셀 교회에 대한 이해가 부족해서 셀 교회 전환에 반대하였다. 그는 조용히 자기 부서에 와서 아직 우리 교회는 셀 체제로 바꾸기보다 현재 체제를 보완하는 것이 낫겠다고 말했다.

존 비비어 목사가 자기 부서에 와서 담임 목사와 다른 목소리를 냈다면 그 교회는 깨졌을 것이다. 존 비비어 목사는 담임 목사의 말을 따랐고, 담당 부서 체제도 담임목회자의 뜻대로 따르기로 하였다. 부목사가 담임 목사의 비전을 공유하고 따라가는 것은 정말 중요한 일이다. 집안에서 아버지가 이사 가자고 하면 모든 가족은 따라야 한다. 아버지의 뜻을 따르지 않는 가정은 아무리 좋은 비전을 가져도 깨지고 만다. 정말 큰 비전은 몇 세대에 걸쳐 이루어져야 하는 거대한 작업이다.

모세의 위대함은 모세의 비전이 다음세대인 여호수아에게 전달되었다는 데 있다. 여호수아는 모세의 비전대로 가나안 땅을 차지하였다. 하지만 여호수아는 모세에게 물려받은 신앙의 비전을 다음세대에 전달해주지 못했다. 그 후 이스라엘은 사사 전국시대가 왔고 신앙의 암흑기가 시작되었다.

아브라함의 하나님, 이삭의 하나님, 야곱의 하나님, 그다음 또 신앙의 대를 계속 이어가야 한다. 하나님은 한 비전이 계속 전수되길 원하신다. 한 교회에 한 비전이 계속 전수되면 세상을 바꾸는 강력한 군대가 된다. 하지만 비전이 계속 단절되고 흩어지면 아무 영향력을 끼칠 수 없는 졸장이 되고 만다.

하나님은 우리가 강력한 그리스도의 군대가 되길 원하신다. 당신의 교회를 강력한 군대가 되게 하라. 모든 교인이 한 비전을 가질 수 있게 해주는 가장 쉽고도 강력한 방법이 바로 삼대가 함께 통합예배를 드리는 것이다. 한 비전, 한마음, 한 생각은 위대함을 품는 토양이다.

"마차를 끄는 여섯 마리의 말이 보조를 맞추지 못하면
명마부라도 그런 말로는 멀리 갈 수 없다." _무명

성령이 임재하시는
예배를 드린다

예배의 핵심은 영과 진리이다. 예수님은 영과 진리로 예배드려
야 함을 말씀하셨다.

"하나님은 영이시니 예배하는 자가 영과 진리로 예배할지니라"
(요 4:24).

예배는 재미있는 놀이나 즐거움이 아니라 영으로 드려야 한다.
영으로 예배드림이 무엇을 말하는가? 영으로 예배드린다는 것은
성령의 임재가 있는 예배를 드려야 함을 말한다. 일반적으로 어
린이 예배는 재미(Fun)를 중요시하고 신나고 즐겁게 예배드림이

우리 현실이다. 이런 예배로는 아이들이 예배 중에 성령 하나님의 임재를 경험하기 어렵다. 아무리 주일학교 예배를 잘 참석해도 결국에는 영성이 없는 아이로 자라게 되는 것이다.

우리 아이들이 주일학교 예배에 열심히 참석하여 성경 지식을 아무리 많이 안다 해도 살아 역사하는 성령님을 체험하지 못한다면 그 아이는 결국 하나님을 떠나게 될 것이다. 주일학교 12년 동안 예배에 한 번도 빠지지 않고 부지런히 참석한 모태신앙의 아이들이 대학에 들어가면서 신앙을 버린다는 것은 정말 모순이다. 이것은 있을 수 없는 일이지만 현실에서 자주 일어나는 안타까운 일이다. 어떻게 그렇게 되었는가? 바로 성령님의 임재가 없는 죽은 예배를 드렸기 때문이다.

우리 주위에는 예배 한 번 참석하고 인생을 바꾼 이들이 얼마든지 있다. 그렇다면 어떤 예배애 참석했기에 인생이 바뀐 것일까? 바로 성령이 임재하시는 예배에 참석했기 때문이다. 예배의 핵심은 성령님의 임재다. 성령의 임재가 없는 예배는 한낱 인간의 모임에 불과하다. 예배는 반드시 예배의 주인이신 성령님이 계셔야 한다. 예배는 내 영이 하나님의 영에게 반응하는 것이다.

바울은 기도할 때 지루한 언어의 나열이 아니라 영으로 기도해야 함을 말하고, 찬양할 때 그냥 내 쪽에서 재밌고 즐거운 것보다 영으로 찬양해야 함을 말한다.

"그러면 어떻게 할까. 내가 영으로 기도하고 또 마음으로 기도하며 내가 영으로 찬송하고 또 마음으로 찬송하리라"(고전 14:15).

지금 우리 아이들의 예배로서는 성령의 임재를 느끼는 예배가 되기 어렵다. 어른 예배에 같이 참여하여 어른들이 경험하는 성령의 임재를 느끼는 예배에 참여해야 한다. 어린이 예배에 참석한 어린이들이 회개하고 눈물 흘리고 은혜받았다는 말은 잘 못 들은 것 같다. 하지만 어른 예배에 참여한 분들이 말씀을 듣고 찔림을 받아 회개하고 은혜받았다는 말은 흔히 듣는다.

예배에는 성령의 임재가 넘쳐나야 한다. 그 성령의 기름 부음이 예배에 참여한 모든 사람에게 흘러넘쳐야 한다. 어린아이들도 이 예배에서 성령의 단비에 젖도록 해야 한다. 매주 예배에 참석하여 성령의 비로 아이들의 마음이 젖도록 해야 한다.

성경에 나오는 큰 인물들은 어렸지만 성령의 사람들이었다. 다윗은 어린 나이에 물맷돌 5개를 가지고 골리앗 앞에 섰다. 어린 소년이 칼과 창도 없이 2.7~3.4m 정도의 엄청난 거구의 적장 앞에 서는 것이 어떻게 가능한가? 용기가 아니다. 죽음 앞에 떨지 않는 사람이 어디 있겠는가? 다윗이 골리앗 앞에 선 것은 용기가 아니라 성령이 함께하셨기 때문이다. 다윗에게 사무엘 선지자가 찾아와 기름 부을 때 하나님의 신, 즉 성령이 부어졌던 것이다.

"사무엘이 기름 뿔병을 가져다가 그의 형제 중에서 그에게 부었더니 이날 이후로 다윗이 여호와의 영에게 크게 감동되니라"(삼상 16:13).

다니엘은 십대의 나이에 자신을 더럽히지 않겠다고 하며 우상에게 바친 왕의 진미를 먹지 않은 결단이 있었다. 다니엘은 그의 인생에서 왕이 네 번 바뀌었다. 왕권이 바뀔 때마다 다니엘은 총리로 선별되었다. 보통은 정권이 바뀌면 앞 정권에서 중요한 요직을 차지한 자는 숙청되거나 유배당하는 경우가 많은데 어떻게 다니엘은 계속 중요한 자리에 발탁되었는가? 왕 주위에 있는 자들이 다니엘에게는 신들의 영이 있다고 하며 그를 적극 추천하였던 것이다. 정말 다니엘에게는 성령의 민감함이 있었다. 그래서 왕의 꿈조차도 알아낼 수 있었던 것이다.

"나 느부갓네살 왕이 이 꿈을 꾸었나니 너 벨드사살아 그 해석을 밝히 말하라. 내 나라 모든 지혜자가 능히 내게 그 해석을 알게 하지 못하였으나 오직 너는 능히 하리니 이는 거룩한 신들의 영이 네 안에 있음이라"(단 4:18).

"내가 네게 대하여 들은즉 네 안에는 신들의 영이 있으므로 네가 명철과 총명과 비상한 지혜가 있다 하도다"(단 5:14).

다윗이나 다니엘이 뛰어난 인생을 살 수 있었던 것은 교육이나 훈련이 아니라 성령의 충만함이 있었기 때문이다. 우리 자녀들도 무엇보다 매주 예배 속에서 성령의 임재를 경험해야 한다. 우리 교회는 예배 때마다 감동과 눈물이 있다. 교회에 처음 오시는 많은 분이 정말 몇 년 만에 처음으로 예배에 감동을 받고 은혜를 받았다고 말한다. 사람은 영적인 존재이기에 영으로 예배를 드리고 성령의 강한 임재가 있다면 반드시 큰 은혜가 부어진다. 우리 자녀들에게도 이런 예배가 필요하다. 자녀들도 매주 예배에 은혜를 받아야 한다. 어린아이를 단순히 어린아이로만 보지 말라. 아이들에게도 영이 있다. 아이들의 영이 성령님과 만나게 하라.

18세기 미 대륙의 영적 대각성과 부흥의 도구로 쓰임받았던 조나단 에드워즈가 목회하던 교회에서 있었던 일이다. 다섯 살도 채 안 된 아이가 엄마에게 물었다.

"엄마, 나 구원받았어요?"

어머니는 그렇다고 안심시켰다. 하지만 아이는 진지한 염려로 인해 친구들과 노는 것도 잊고 하루에 몇 차례씩 사라지곤 했다. 어느 날 헛간에서 크게 부르짖는 어린아이의 기도 소리가 들려왔다. 그리고 엄마에게 달려와 하나님이 자기를 만나주신 것과 죄를 용서하시고 구원해주신 것을 간증하였다. 그때부터 아이는 주일을 기다리는 사람으로 바뀌었다.

"엄마, 몇 밤 자면 주일이에요?"

"왜 그렇게 주일이 기다려지니?"

"그날은 에드워즈 목사님의 설교를 듣는 날이기 때문이에요."

자녀들을 재미있는 예배에만 보내고 어른들만 영으로 드리는 예배를 드리려고 하지 말라. 아이들도 우리와 똑같이 영으로 예배드리고 싶어 한다. 사탄은 우리 아이들의 마음에 성령이 임하지 못하도록 방해한다. 그 대신 아이들 마음속에 욕심과 허영심과 분노와 고통을 심어 놓는다.

모세는 떨기나무에 붙은 하나님의 불꽃 가까이에 가서 그의 전 인생이 바뀌었다. 우리도 우리 아이들을 성령의 불꽃이 있는 곳으로 데려가야 한다. 당신의 자녀를 성령의 불꽃 가까이 데려가라. 그러면 그 아이의 인생에 불이 붙을 것이다.

"성령 안에 하루를 사는 것이
육체 안에 천 날을 사는 것보다 낫다." _로버트

삼대가 함께
예배드림이 행복이다

우리 교회에서는 예배 시간에 할아버지와 손자, 손녀들이 같이 예배드린다. 할아버지와 함께 예배드리는 아이들은 너무 행복해 한다. 자녀들은 할아버지와 할머니와 자연스럽게 친구가 된다. 성경은 삼대가 하나님을 믿도록 해야 함을 말하고 있다. 성경은 "아브라함의 하나님, 이삭의 하나님, 야곱의 하나님"이라고 소개 하고 있다. 아브라함은 이삭에게 하나님을 전하였다. 이삭은 야 곱에게 하나님을 전하였다.

성경은 왜 아브라함, 이삭, 야곱이라고 삼세대를 기록하고 있 는가? 아브라함이 이삭에게만 복음을 전했다면 실패한 것이다. 신앙은 다음세대에게만 물려주는 것이 정답이 아니다. 신앙은 삼세대에 물려져야 진짜 일세대의 역할을 다한 것이다. 당신은 당신의 손자, 손녀 세대에게 신앙을 물려주었는가? 당신은 당신의 자녀 삼세대에게 신앙을 물려주어야 하는 책임을 전하였는가?

미국은 300년 전에 청교도들이 신앙을 찾아서 세운 나라이다. 초창기 부모들은 자녀들에게 복음을 전했다. 그래서 미국은 가는 곳마다 교회가 세워졌고, 대학과 병원이 다 믿음을 기초로 세워졌다. 그들은 자녀에게 복음을 전했지만 삼세대에게는 잘 물려주지 못했다. 복음은 불과 200년 정도 전수되고 삼세대들에게는 희미하게 전해졌다. 100년 전부터 믿음을 버리는 이들이 나타났고, 이제는 학교에서 노골적으로 기도를 거부하고 성경을 거부하게 되었다. 그 이유는 삼세대들에게 복음을 분명하게 전하지 못하였기 때문이다.

청교도로 시작한 그 미국이 지금은 학교에서 성경이나 예수님을 전하는 것이 불법이 되고 말았고, 동성연애를 인정하는 것이 합법이 되었다. 기독교 영성가로 유명한 달라스 윌라드 박사는 이런 말을 했다.

"최근 미국 교육은 학력을 높이면 하나님 없이도 성공하고 잘 살 수 있다고 이야기한다."

"미국에서는 경제가 하나님이 되어버렸다"라고 교육의 세속화를 우려했다.

당신이 정말 믿음의 사람이라면 자녀를 어린이 예배에 맡겨놓지 말고 정말 성령의 임재가 있는 예배에 자녀를 데려가라. 당신이 믿음이 있는 부모라면 당신의 자녀는 물론이고 당신의 손주까지도 정말 예수를 믿게 만들 의무가 있다. 그 의무를 행하지 못했다면 당신은 신앙의 대를 물려주는 데 실패한 것이다. 부모의 영성은 반드시 자녀를 넘어 손주들에게 전달되어야 한다. 부모의 영성이 손주들에게 전달되지 않는 것은 가문의 저주이다.

영국은 해가 지지 않는 나라로 불릴 만큼 큰 축복을 받은 나라이다. 영국은 한국에까지 선교사를 파송할 만큼 복음의 열정이 큰 나라였다. 하지만 그들의 자녀에게 복음이 전달되지 않자 정치, 경제, 사회, 문화 모든 것이 무너졌다. 그것은 그들이 삼세대에게 복음을 전하는 것에 실패했기 때문이다.

이웃 나라에게 복음을 전하는 공간적 선교보다 더 중요한 것이 다음세대에게 복음을 전하는 시간적 선교이다. 다음세대에 복음을 전하는 데 목숨을 걸어야 한다. 다른 사람은 살리고 내 가문이 죽게 하는 것은 어리석은 일이다. 복음이 삼세대에 전달되게 하라. 그것은 어려운 것이 아니다. 매주 삼세대가 함께 살아 있는 예배를 드리면 저절로 된다.

우리 한국도 이제 신앙의 전달에 위기를 맞고 있다. 1950년에서 1970년에 복음을 받아들인 자들이 복음의 1세대이다. 이들은 자녀들에게 복음을 전했다. 그러나 복음을 물려받은 복음의 2세대들은 복음의 3세대들에게 이 복음을 전달하지 못한 가정이 너무나 많다. 교회마다 어린아이들이 사라져간다. 물론 아이를 적게 낳는 영향도 있지만 복음이 3세대까지 전해지지 않은 것이 가장 큰 문제이다.

아브라함의 하나님, 이삭의 하나님, 야곱의 하나님이라고 기록된 말씀을 잘 묵상해야 한다. 야곱의 아들 요셉을 잠깐 생각해보자. 요셉은 어떻게 엄청난 영성을 소유하였는가? 애굽의 노예로 팔려가고, 보디발의 집에 종으로 살다가 억울하게 감옥에 들어가도 하나님을 향한 믿음이 약해지지 않았고, 결국 애굽의 총리 자리에까지 올라가게 되었다. 요셉은 언제 그런 큰 믿음을 가지게 되었는가?

창세기에 나오는 연수를 잘 살펴보면 요셉이 17세 때 아버지 야곱은 108세 정도 되었고, 할아버지 이삭은 168세 정도 되었다는 것을 알 수 있다. 요셉은 할아버지 이삭과 함께 살았다. 아마 상상컨대 요셉은 이삭의 신앙을 많이 배웠을 것이다. 특히 요셉이 12세 때 어머니 라헬이 동생 베냐민을 낳다가 죽은 이후로 더더욱 할아버지 이삭의 애정을 많이 받았을 것이다. 이 가련한 십대 손자를 사랑하는 이삭의 모습은 자연스러운 일이다. 성품이 좋은 이삭은 슬픔에 빠진 요셉 곁에 와서 이런저런 이야기를 하며 말동무가 되어 주었다.

이삭이 가장 많이 하는 말은 아버지 아브라함이 자신을 끌고 모리아산으로 올라가서 자신을 묶고 제단에 올려놓고 죽이려고 한 사건이었다. 이삭을 그 죽음의 순간에 하나님께서 아버지를 부르며 이삭을 건드리지 말라고 하시면서 양은 준비되어 있다고 한 말을 전해주었다. 이삭이 실의에 차 있는 요셉에게 심심하면 찾아와서 모리아 사건을 말하면서 마지막 해주는 결론은 "손자야, 어떤 상황에도 하나님께서 너를 돌보신다는 믿음을 잃지 말라"는 것이었다. 요셉에게 큰 믿음을 준 자는 아버지 야곱보다는 할아버지 이삭이었다. 이삭은 손자에게 믿음이라는 가장 큰 선물을 주었던 것이다. 요셉은 이미 나이 17세 때 모든 어려움을 능히 이길 수 있는 믿음을 가졌던 것이다.

당신은 삼세대에 신앙을 연결하고 있는가? 만약 그렇지 않다면 이것을 심각하게 생각해야 한다. 당신의 자녀는 물론이고 당신의 손주까지 예수를 믿게 해야 할 책임이 당신에게 있다. 당신이 당신의 손주에게 해주어야 할 일은 장난감이나 컴퓨터를 사주는 일이 아니다. 정말 중요한 일은 그들에게 믿음을 전해주는 것이다. 내가 세상적으로 아무리 유명해도 아무리 크게 성공해도 신앙을 삼세대에게 전달하지 않았다면 속이 텅 빈 고목에 불과하다. 내가 좀 덜 성공해도, 내가 좀 덜 유명해도 내 자녀가 더 잘되는 것이 축복이다.

보아스는 오벳을 낳았고, 오벳은 이새를 낳았고, 이새는 다윗을 낳았다. 보아스가 룻과 결혼하여 오벳을 낳고 신앙을 물려주고, 오벳은 이새에게 신앙을 물려주었다. 오벳은 성경에 딱 한 줄 기록되는 평범한 사람이지만 그는 그의 손자인 다윗에게 신앙을 물려준 유명한 자이다. 당신은 이 세상에서 별로 유명하지 않아도 된다. 당신의 손주가 다윗이 되게 하라. 그렇다면 당신은 천국에서 큰 자이다. 잠시 사는 이 세상에서 큰 자로 살지 말고 영원히 사는 그 천국에서 큰 자가 되어라. 당신의 남아 있는 생애를 손주에게 투자하라. 그것은 최고의 투자가 될 것이다.

"얼마나 오래 사는지는 중요하지 않다. 어떻게 사느냐가 중요하다.
내가 깨달은 지혜를 후대에게 물려주는 삶,
그것만이 진정 가치 있는 삶이다." _ 토드 홉킨스, 레이 힐버트

자녀들도 통합예배를 원한다 | 자녀들 예배에 부모가 있어야 한다 | 부서 모임은
예배 후 특별활동으로 따로 한다 | 어른보다 어린이들이 설교를 더 잘 듣고 적용
한다 | 통합예배는 모든 교회가 할 수 있다

통합예배를
어떻게 할 것인가?

자녀들도
통합예배를 원한다

"어린아이들과 젖먹이들의 입으로 권능을 세우심이여 이는 원
수들과 보복자들을 잠잠하게 하려 하심이니이다"(시 8:2).

"아이들의 집중력은 10분에서 20분밖에 되지 않는다구요! 어
떻게 1시간 30분 동안 자리에 앉아 꼼짝하지 않고 예배를 드리냐
고요! 통합예배는 불가능합니다!"

삼세대가 함께 예배드리는 통합예배를 주일예배에 도입하려
할 때 모두 했던 말이다. '정말 아이들이 어른들과 함께 예배를 잘
드릴 수 있을까?' 믿어 의심치 않았지만 여러 가지 문제점과 고
려해야 할 사항들이 마음을 번잡하게 했다. 그러나 첫 번째 드렸

던 통합예배는 이러한 의심과 염려를 모두 날려버렸다.

첫 통합예배의 감동과 기쁨을 무엇으로 표현할 수 있을까? 본당 맨 앞줄에 아내와 나, 그리고 세 아이가 나란히 앉아 함께 주일예배를 드렸다. 중간쯤에 친정 부모님이 나란히 앉아 계셨다. 본당 중간중간에 부모, 조부모와 함께 앉은 아이들의 모습이 눈에 선명히 들어왔다. 물론 첫 통합예배라 약간의 어수선함과 어색함이 있었지만, 그러나 어느 때보다도 예배에 대한 간절함이 느껴졌다.

드디어 예배에 첫 부분인 찬양이 시작되었다. 부모들은 자녀들과 함께 통합예배를 드릴 계획을 알고 있었기에 더 간절히 찬양을 올려드렸다. 이 예배의 중요성을 아는 이들은 예배의 모든 순서 하나하나에 간절한 마음으로 중보기도를 하면서 예배에 임하였다. 믿음의 유산이 부모를 넘어 아이들에게까지 흐르길 소원하며 말이다.

아이들이 찬양과 경배 안으로 들어오기 시작했다. 손을 올리기도 하고 얼굴이 상기된 채 찬양의 제사를 드렸다. 아이들은 엄마의 뜨거운 눈물을 바라보며 찬양과 회중 기도에 기꺼이 동참했다. 목사님의 말씀 선포 시간이 제일 걱정이었다. 설교 시간이 30분 이상이 될 것이다. 목사님은 아이들을 위해 PPT에 설교 제목과 본문, 그리고 소제목, 본문과 관련된 사진들을 넣어 보여주었다.

아이들은 미리 준비한 노트에 제목을 따라 적으며 설교를 듣기 시작했고, 보여주는 사진들로 말씀을 쉽고 생생하게 이해하기 시작했다. 중간중간 화장실에 다녀오기도 하고 색연필로 말씀에 대한 그림을 그리는 아이들도 있었다(참고로 초등학교 1, 2학년을 위해서는 A4용지 한 장에다 설교와 관계된 그림이나 낱말 맞추기를 할 수 있는 프린트물을 미리 나누어주었다).

형들이 써 내려가는 말씀 노트를 그대로 베껴 쓰는 동생도 있었고, 아빠에게 단어의 뜻을 귓속말로 물어보는 아이도 있었다. 모든 것이 얼마나 사랑스럽고 당연하고 자연스러운지 예수님이 말씀을 전하셨을 때의 풍경이 이런 것이 아니었을까! 아이들의 울음이나 웃음, 그리고 아이의 생소리가 섞인 찬양이 예배의 분위기를 더욱 생동감 있고 건강하게 만들었다.

함께 드린 예배 시간은 엄청난 영적 파장을 몰고 왔다. 온 가족이 함께 오늘 은혜받은 말씀, 즉 기억에 남는 말씀을 나누기 시작했다. 온 가족이 함께 들은 말씀이 가족을 하나로 만들어갔다. 예배 시간에 함께 올려드렸던 찬양도 일주일 내내 함께 부르기 시작했고, 그동안 함께 누리지 못했던 영적 포만감을 맛보게 했다. 이것이 같은 본문 말씀과 같은 찬양을 함께한 가족에게 부어진 하나님의 큰 축복이었다.

교회에 새 가족이 등록하여 첫 삼세대 예배를 드릴 때는 더욱 은혜가 깊었다.

"아이 손을 잡고 찬양해 본 적이 없답니다. 처음이었어요! 지금까지 나란히 앉아서 예배드린다는 것은 상상도 못 할 일이었답니다. 하나님께 너무 감사해요. 저희 가족이 다시 하나가 되었어요."

이뿐만이 아니었다. 주중에는 온 가족이 말씀을 함께 실천하며 서로를 격려하기 시작했다. 삶의 문제로 염려하고 있는 엄마에게 아들이 말했다.

"아무것도 염려하지 말고 감사함으로 하나님께 아뢰면 모든 문제를 해결해 주신다고 주일예배 때 목사님이 말씀하셨잖아요."

아이의 믿음의 고백을 들은 엄마는 너무도 감격하고 감사해서 그만 모든 염려를 잊었다고 한다. 아이들은 이미 하나님과 아주 가깝다. 아이들은 이미 천국을 소유한 자들이다. 주님은 "아이와 같지 않으면 우리 모두는 결코 천국에 들어갈 수 없다"고 말씀하셨다. 우리 아이들은 재미 위주의 예배가 아니라 성령 충만한 말씀 선포를 너무도 원하고 목말라한다.

삼세대 예배를 드린 지 20년이 지난 지금 아이들은 주일예배에 아주 중요한 예배자들이다. 부모의 도움을 받으며 드리는 예배가 아닌 스스로 당당하게 하나님을 만나는 예배자로 서 있다. 그뿐만 아니라 아이들이 없는 주일예배는 상상할 수조차 없다. 아이들의 "아멘" 소리를 하나님이 얼마나 기뻐하시는지! 하이톤의 찢어질 듯한 아이들의 찬양 소리를 우리 하늘 아버지께서 얼마나 기뻐하시는지!

삼세대 예배의 또 다른 선물은 교회를 든든히 세울 아이들이 영적으로 든든히 성장해 나간다는 것이다. 어른 예배의 조금은 딱딱하고 단단한 말씀이 우리 아이들을 영적 어린아이에서 세상과 싸워 이길 청년으로 자라가게 한다. 우리 교회 아이들은 말씀을 사랑한다. 부흥회 때 맨 앞자리와 중앙에는 아이들이 한가득이다. 기도의 자리에 아이들은 부모와 함께하는 것을 기뻐한다.

아이들은 신령과 진정으로 예배드리기 원한다. 아이들을 너무나 배려해서 가르치는 싱어롱 수준의 찬양에 그들은 너무도 지쳐있다. 아이들은 하나님이 진정 살아계신다면 그 살아계신 하나님을 정말 만나길 원한다. 영적인 일에 어리다는 이유로 제외되는일은 더 이상 없어야 한다.

아이들은 부모와 함께 예배드리길 원한다. 어른처럼 말이다. 살아 역사하시는 하나님을 찬양과 기도, 말씀 가운데 경험하고 싶어 한다. 아이들이 진정으로 원하는 것은 재미있는 교회 프로그램이 아니다. 아이들은 살아계신 하나님 그분 자체를 원한다. 누가 아이들에게 생명의 떡인 주님을 맛보게 할 수 있을까? 아이들의 영적 가능성을 믿어주고 삼세대 예배 안에서 아이들에 영혼을 어른처럼 자유롭게 풀어 놓아주는 바로 당신과 나에게 달려 있다.

"후계자 없는 성공은 성공이 아니다." _ 피터 드러커

C·H·A·P·T·E·R·02

자녀들 예배에
부모가 있어야 한다

삼세대가 함께 모여 통합예배를 드리는 것이 물론 처음에는 쉬운 일이 아니다. 우리 교회에도 처음에 어린아이들과 함께 예배드리자고 하니 제일 처음 반대한 사람들이 어린이 부서 교사들이었다.

"목사님, 어린이들은 15분 이상을 집중할 수 없습니다."

그래서 처음에는 초등학교 5학년부터 시작했다. 5학년 이상만 부모와 함께 예배드리게 했다. 그다음 해에는 4학년도 어른들과 함께 예배드리게 했다. 매년 한 학년씩 낮추어 갔다. 한 시간 예배 내내 엎드려 있는 아이도 있었다. 그 아이도 자신보다 한 살 많은 형들이 점잖게 조용하게 예배드리는 것을 보고 도전을 받아

변하게 되었다. 나중에는 초등학교 1학년 이상은 모두 함께 예배 드리게 되었다. 원칙은 반드시 부모와 함께 자리에 앉게 하는 것이었다. 언젠가 5월 첫 주 어린이 주일날 어린이들끼리 함께 앉게 한 적이 있었다. 얼마나 떠드는지 참 힘든 예배였다. 그 후 우리는 언제나 부모와 함께 자리에 앉아 예배를 드리는 원칙을 가지게 되었다.

인류 최초의 아담 가정은 온 가족이 함께 드리는 예배에 실패하였다. 아담이 처음에는 가족과 함께 예배드렸을 것이다. 그러나 그는 자녀들이 성장해감에 따라 자녀들과 함께 예배드리지 않았다. 창세기 4장에 보면 가인이 농사지은 소산으로, 아벨이 기른 양으로 하나님께 예배드릴 때 그 중요한 자리에 아버지인 아담은 없었다. 가인이 아벨을 돌로 쳐 죽이는 엄청난 사건이 일어날 때에도 아버지인 아담은 그 자리에 없었다. 만약 가인과 아벨이 하나님께 번제를 드릴 때 아비인 아담이 그 자리에 있었더라면 좋은 훈계를 하였을 것이고, 살인 사건도 일어나지 않았을 것이다.

사탄은 어떤 이유에서든지 부모가 자녀와 함께 예배드리는 자리에 있지 못하도록 온갖 힘을 다 쓴다. 부모와 자녀가 함께 예배 드리지 못할 때 사탄은 우리 자녀들을 마음껏 자신의 무기로 사용해버린다. 사탄의 최고의 공격 장소는 가정이다. 가족이 함께 드리는 예배가 무너지면 쉽게 사탄의 공격을 받게 된다. 인류 최초의 살인은 부모와 자녀가 함께 예배드리지 않아서 생긴 비극이다.

창세기 8장에 보면 노아는 대홍수가 끝나고 방주에서 나와 육지에 도착하여 온 가족과 함께 예배를 드렸다. 시간이 흐른 후 차츰 가족과 함께 예배드림에 소홀해지고, 혼자 있는 시간이 많아졌으며, 혼자 술에 취해 하의를 벗고 누워 있게 되었다. 그 결과 노아의 자녀 중 둘째 아들인 함이 노아의 수치를 드러내는 일로 저주를 받게 되었다.

노아가 매일 자녀들과 함께 예배드림에 성공했더라면 이런 일은 일어나지 않았을 것이다. 노아는 자녀들과 함께 예배드림보다 자신의 쾌락에 빠져 술에 취하게 되었다. 그 일로 노아의 둘째 아들 함이 아비의 저주를 받게 되고, 그의 후손들은 가나안 땅에 살면서 여호수아에게 모두 죽게 되는 비극을 맞는다.

사무엘상 2장에 보면 엘리 제사장은 자녀들과 함께 예배드림에 실패한 자로 나온다. 엘리 제사장은 40년 동안 제사상으로 있었지만 엘리 제사장의 집에는 가족예배를 드린 흔적이 전혀 없다. 엘리 제사장의 자녀들은 아버지의 자리를 물려받아 제사장이 되었지만 하나님을 알지 못하였다.

"엘리의 아들들은 행실이 나빠 여호와를 알지 못하더라"(삼상 2:12).

어찌 제사장의 자녀가 하나님을 알지도 못하게 되었는가? 여기에 '알지 못하였다'는 말은 체험적으로, 경험적으로 하나님을 알지 못하였다는 뜻이다. 만약 엘리 제사장이 매일 가족과 함께 예배드렸다면 그 자녀들이 분명 하나님을 경험하고 하나님을 알았을 것이다. 엘리 제사장은 가정예배에 실패한 자였다. 그는 가족과 함께 예배드리는 것을 중요하게 여기지 않았다.

다윗이 왕이 된 후 제일 먼저 한 일이 기럇여아림에 있는 법궤를 예루살렘 성에 가져오는 일이었다. 이 법궤는 블레셋과 전쟁을 치를 때 엘리 제사장의 아들들이 가지고 나가 블레셋 군대에게 빼앗겼었다. 블레셋 사람들은 그 법궤를 가지고 있을 때 저주가 임하자 급히 이스라엘 변방 기럇여아림에 있는 아비나답의 집에 넘겨주었다. 그래서 법궤가 20년이 넘도록 아비나답의 집에 머물러 있었다. 아비나답은 법궤를 귀히 여기지 않았다. 그는 법궤를 자신의 아들인 웃사에게 맡겨버렸다. 그리고 세월이 흘러 다윗이 왕이 되기까지 법궤는 그냥 계속 그곳에 70년이 넘도록 머물러 있었다.

다윗은 법궤의 중요성을 알고 예루살렘 성으로 법궤를 옮기게 하였다. 법궤를 옮기는 도중 법궤가 흔들릴 때 그 법궤를 함부로 다룬 웃사가 즉사하였다. 이 사건으로 법궤는 오벳에돔의 집으로 옮기게 되었다. 오벳에돔의 집에서 약 석 달 동안 법궤가 머물렀고, 그로 인해 그 집에는 큰 축복이 부어졌다.

> "하나님의 궤가 오벧에돔의 집에서 그의 가족과 함께 석 달을
> 있으니라. 여호와께서 오벧에돔의 집과 그의 모든 소유에 복
> 을 내리셨더라"(대상 13:14).

역대상 26장에 보면 오벧에돔의 자손들이 큰 복을 받은 기록이
나온다. 그들 중에 다스리는 자, 큰 용사, 능력 있는 자, 직무를
잘하는 자들이 나왔다.

여기서 우리는 한 가지 생각해보고자 한다. 왜 아비나답의 집
에는 법궤가 70년이나 머물러 있었지만 복을 받기는커녕 법궤 가
장 가까이에 있었던 웃사가 즉사하고 말았고, 오벧에돔의 집은
법궤가 겨우 3개월만 머물렀음에도 자손들이 큰 복을 받았는가?

아비나답은 법궤를 우습게 여겼다. 아비나답은 법궤가 자신의
집으로 오자 자기 아들에게 주어 관리하라고 하였다. 아비나답의
아들 웃사는 아버지가 귀하게 여기지 않는 법궤가 자신에게 넘어
오자 아무런 경외심도, 귀하게 여기는 마음도 없었다. 그는 매일
보는 법궤가 그냥 너무 익숙했다. 웃사에게 법궤라는 것은 단지
억지로 보존해야 하는 귀찮은 물건이었다. 반면에 오벧에돔의 집
은 온 가족이 법궤를 가정의 중심에 두고 귀히 여겼다.

우리는 우리의 자녀가 하나님의 말씀을 우습게 여기는 것을 경계해야 한다. 우리는 하나님에 대한 경외심 없이 그냥 교회에 오래 다니기만 하는 것을 조심해야 한다. 예배를 귀히 여기지 않는 마음, 예배를 함부로 대하는 마음은 축복이 저주로 바뀌는 것이다. 이 예배를 귀히 여기는 마음은 부모에게서 흘러넘쳐 나와 자녀로 흘러 들어가야 한다. 우리는 형식적으로 드리는 하나님의 임재도 없는 예배드림을 멈추어야 한다. 재미 위주의 예배는 예배가 아니다. 그것은 우리 자녀를 웃사로 만드는 것이다. 부모가 자녀의 예배에 관심을 가져야 한다.

하나님은 이 세상에 있는 모든 부모의 마음이 자녀에게로 돌아가길 원하신다. 구약성경 마지막 책인 말라기 마지막 장 마지막 말씀은 아버지의 마음이 자녀에게 돌이키게 하라는 대선언으로 끝내고 있다.

"그가 아버지의 마음을 자녀에게로 돌이키게 하고 자녀들의 마음을 그들의 아비에게로 돌이키게 하리라. 돌이키지 아니하면 두렵건대 내가 와서 저주로 그 땅을 칠까 하노라 하시니라"(말 4:6).

현재 대부분의 교회가 드리는 자녀 주일예배에는 부모가 없다.

이것은 무서운 일이다. 부모가 다시 자녀 예배에 함께해야 한다. 일반 사회는 자꾸만 세대를 나누려고 한다. 세대별로 분리를 시켜야 효율성이 높다고 말하기 때문이다. 그래서 교회에서도 일반 사회처럼 세대를 나누어 예배를 드리고 있다. 하지만 성경은 세대 통합을 말하고 있다. 자녀 예배에 부모가 있어야 한다. 아버지가 아들과 함께 예배를 드려야 한다. 아버지가 먼저 아들에게 아비의 마음을 주어야 하고, 아들도 아버지에게 마음을 주어야 한다. 그렇게 할 수 있는 최고의 방법은 함께 예배드리는 것이다. 부모와 자녀가 함께 예배를 드리면 세대 간에 서로 존중하게 되고 인정하게 된다.

아버지들이여! 아들에게 마음을 주라. 아들들이여! 아버지에게 마음을 주라. 그렇게 하지 않는다면 두려운 일이 일어날 것이라는 성경의 경고를 들어야 한다. 이런 경고의 말씀이 있어서 감사한 일이다. 우린 아직 기회가 있다.

나는 이 책을 읽는 모든 분이 가족예배, 삼세대 예배, 통합예배에 함께할 것을 생각하니 신난다. 아버지가 자녀에게 마음을 주기만 한다면 이 세상은 정말 행복한 장소가 될 것이다. 자녀의 영성에 대해 고민하는 부모가 많아진다면 한국교회는 소망이 있다. 부모의 영성은 자녀의 영성을 결정한다. 당신이 당신 자녀의 영성에 대해 고민한다면 당신은 정말 믿음의 사람이다.

많은 사람이 어떻게 어린아이들과 매주 예배를 함께 드릴 수 있는가 하며 불가능하다고 말한다. 또 어떤 이들은 통합예배를 드릴 수 있는 방법을 찾으려고 한다. 삼세대가 함께 드릴 수 있는 통합예배를 드림이 마땅하다는 결정만 하면 방법은 무수히 많다. 안 되는 이유를 먼저 찾는 것이 더 문제이다.

옳은 일이면 해야 한다. 방법은 성령께서 주실 것이다. 통합예배를 잘 드릴 수 있는 시작은 예배 시간에 자녀가 부모와 함께 앉아 예배를 드리는 것으로 시작된다. 온 가족이 함께 예배에 참석하여 함께 찬양하고, 함께 말씀을 듣고, 함께 손을 잡고 기도하며, 함께 교회에 나오는 모습이 얼마나 아름다운지! 매주 온 가족이 한 장소에서 예배드림이 바로 지상에서 천국을 맛보는 것이다. 우리는 매 주일 천국을 맛보고 있다.

"경건한 어머니를 둔 사람은 그 누구도 가난하지 않다." _ 에이브라함 링컨

부서 모임은 예배 후
특별활동으로 따로 한다

    삼세대가 함께 통합예배를 드리면 아이들 모임을 어떻게 하느냐는 질문을 한다. 그것은 어려운 일이 아니다. 우리 기쁨의교회는 온 가족이 함께 통합예배를 드린 후에 곧바로 부서별로 흩어진다. 어린이 부서와 중고등부와 대학부, 청년부, 장년부로 나누어진다.

    일단 점심 식사를 부서별로 함께한 후 모든 부서가 각기 다른 장소에서 부서별로 모인다. 찬양하고 전도사님이 5분 정도 적용을 나누고 소그룹별로 모여서 오늘 설교 시간에 들었던 말씀을 나누기 시작한다. 모두 설교 시간에 적었던 말씀 노트를 꺼내어 본다. 이런 시간이 있기 때문에 아이들은 예배 시간에 거의 다른 행동을 하지 않는다.

물론 선생님도 함께 참여한다. 하지만 선생님이 무엇을 가르치거나 설명하지는 않는다. 다만 조력자로, 촉진자로 소그룹 모임에 참여한다. 말씀 나눔은 아이들이 주도한다. 자신이 은혜받은 말씀과 도전받은 말씀을 나누고, 그 말씀을 어떻게 적용할지도 나눈다. 그리고 기도 제목이 있으면 함께 기도한다. 이렇게 하다 보면 30분에서 1시간이 금방 지나간다.

부서별 모임에서는 오늘 주일 말씀 나눔과 함께 기도 제목도 나누고 전도할 사람에 대해서도 나눈다. 우리는 이것을 셀 모임이라고 칭한다. 셀 모임 안에는 하나님의 임재가 있고 하나님의 능력이 나타난다. 치유가 일어나고 회복이 있고 성령님의 임재가 있다. 내가 깨닫지 못한 말씀을 친구의 나눔을 통해 깨닫게 되기도 하여 설교 말씀이 더 풍성해진다. '내게 와 닿았던 말씀'과 '친구에게 와 닿은 말씀'이 다르기에 그 시간을 통해 은혜가 더 풍성해진다. 각자 말씀을 듣고 결심과 적용이 다 다르기에 더 풍성한 적용 거리가 생긴다.

기도 제목을 나누다가 우는 친구도 있고 같이 기도하다가 울기도 한다. 또 전도할 대상을 놓고 나누고 기도하다가 마음이 뜨거워진다. 이 셀 모임에서 나눔은 정직함이 기본이다. 엄마 아빠의 다툼도 정직하게 나누고, 학교에서 일어나는 아픔이나 자신의 고

민도 정직하게 나눈다. 정직하게 나눔 속에 성령의 역사가 있다. 정말 위로받고 사랑받는 시간이고 성령님이 역사하는 시간이다. 셀 모임은 너무 신나는 시간이다. 간간이 선생님들이 간식을 가져오기도 하고 선물을 주기도 한다. 셀 모임이 끝이 나면 모든 셀이 모여 특별활동을 한다. 이것이 자연스러운 부서 모임이 된다.

특히 주일학교 아이들은 부서 모임이 끝나면 나중에 '어와나 모임'이 있다. 어와나 모임은 성경 구절을 게임을 통해 암송하고 성경적인 리더로 키워주는 아주 좋은 프로그램이다. 우리 기쁨의 교회에서는 이 프로그램을 통해 400구절 정도의 성경 구절을 외운 아이들이 10여 명이나 된다. 처음에는 한 명이 외웠는데 지금은 모든 아이가 이 길을 향해 가고 있다. 모두 똑같은 단복을 입고 힘차게 구호를 하면서 성경 구절도 외우고 게임도 한다. 아이들이 너무 신나하는 모습을 부모들이 보면서 즐거워하고 부러워한다.

우리 교회에는 실버 모임이 있다. 그분들은 점심 식사를 같이한 후 셀 모임을 한다. 셀 모임이 따뜻하고 화목하다. 어르신들은 찬송가를 좋아하신다. 그래서 어르신들끼리 찬송가를 많이 부르신다. 무엇보다 어르신들은 기도하기를 쉬지 않는다. 그리고 주일 설교 말씀에 은혜받은 것을 나눈다.

모든 부서가 예배 후에 이런 모임을 갖는다. 이 시간은 일반 교

회에서 하는 부서모임과 거의 비슷하다. 한 달에 한 번은 생일파
티도 하고 특별활동을 한다. 부서별로 토요일마다 토요학교를 개
설하여 나이에 맞는 영적 훈련도 한다.

"철이 철을 날카롭게 하는 것같이 사람이 그의 친구의 얼굴을
빛나게 하느니라"(잠 27:17).

어른보다 어린이들이
설교를 더 잘 듣고 적용한다

흔히 이런 말을 한다. "어른들은 말씀을 잘 듣고 있는 것 같지만 듣지 않고 어린이들은 말씀을 듣지 않고 있는 것 같지만 다 듣고 있다." 참 재미있는 표현이다. 어른들은 말씀을 들으면서 온갖 세상 생각을 다 한다. 집 걱정, 돈 걱정, 직장 걱정, 사람 걱정…. 하지만 아이들은 눈은 다른 곳에 가 있어도 귀는 설교 말씀에 집중하고 있다. 어른들은 몇십 년 동안 설교를 들어도 듣기만 하고 변하지 않는 이가 많다. 하지만 어린아이들은 말씀을 듣고 즉시 행동으로 옮긴다. 행동으로 옮기지 않는 메시지는 아무런 소용이 없다. 행동하지 않는 설교는 한낱 좋은 영화 한 편 본 것이나 다름없다.

예를 들면 "염려하지 말라"는 설교를 들으면 어른들은 정말 염려하지 말아야겠다는 생각은 하지만 일상생활에서 어려운 일을 만나면 한숨을 내쉬면서 걱정한다. 어린아이들이 엄마의 걱정을 듣고 "엄마, 지난 주일 목사님 말씀에 걱정하지 말라고 하셨잖아요"라고 말하면 엄마는 큰 도전을 받는다. 만약 이웃집 성도가 그런 말을 하면 자존심이 상하고 화도 날 것이다. 하지만 자기 자녀가 그런 말을 할 때면 도전이 되기도 하고, 그런 말을 하는 아이가 기특하기만 하다.

일상생활에서 자녀들의 말은 때때로 하나님의 음성으로 들리는 일이 허다하다. 자녀와 함께 예배를 드리면 자녀가 말씀대로 성장해가는 모습을 보면서 살아 있는 설교를 보게 되는 축복을 누린다. 만약 지난주 설교가 "항상 기도하라"라는 제목이었다면 어린아이들은 일상생활 속에서 기도하는 시간과 장소를 가지고 행동한다. 부모가 주일 설교를 건성으로 듣고 기도생활에 아무런 변화를 주지 않고 산다면 아이들의 모습을 보고 부끄러워질 것이다. 부모가 자신의 자녀들이 "항상 기도하라"는 말씀을 듣고 기도에 열심을 내는 것을 본다면 온 가족이 함께 기도운동을 일으킬 기회를 가지게 된다.

우리 교회에서 원더풀 라이프 시리즈를 12주 동안 할 때였다. 첫 주에 "풍성한 비전을 품으라"는 제목으로 설교를 하였다. 나는 설교 중에 한 사람당 10cm×15cm 정도 되는 카드를 최소한 30개 정도를 적어 매일 기도하라고 말하였다. 이 설교를 듣고 온 가족이 주일 저녁에 함께 모여 비전 카드를 만들기 시작하였다. 아이들이 함께 했기에 신나게 만들었다. 어떤 가정은 분야별(세계, 나라, 교회, 가족, 개인)로 색깔을 다르게 하는 아이디어를 내기도 하고, 어떤 가정은 서로의 비전 카드를 소개하고 함께 밤을 새우는 가정도 있었다.

온 가족이 함께 말씀을 듣고 함께 적용하는 것은 정말 힘이 있다. 특히 설교 중에 오늘 실천할 일을 부탁한 말씀을 어른들은 그냥 듣고 지나갈 수 있지만 아이들은 말씀 속에서 숙제로 내준 것은 반드시 하려고 한다. 자녀의 성화에 온 가정이 함께 적용해나가는 큰 축복이 있게 된다.

우리 아이들은 매일 밤 잠자기 전에 자신의 비전 카드를 들고 기도한다. 언젠가 우리 온 가족이 밀라노에 집회를 가게 되었다. 밀라노에 머무는 동안 그 유명한 바이올린 중의 하나인 스트라디바리우스를 보기 위해 스트라디바리우스의 고향을 탐방하였다(참고로 스트라디바리우스 바이올린의 가격은 한 대에 2억에서 300억 정도 된다). 그곳에 도착했을 때 바이올린을 전공하길 원하는 딸이 자신은 스트라디바리우스를 보러 밀라노에 가도록 매일 비전 카드를 보면서 기도했다는 것이다. 우리는 모두 딸의 기도를 들어주신 하나님을 찬양하였다.

온 교인이 함께 설교를 들었지만 정말 그 설교를 듣고 적용하는 이는 의외로 자녀들이다. 한 번은 "감사를 유지하라"는 제목의 설교 중에 불평 제로를 선언하고 앞으로 한 달 동안 감사하지 않고 불평을 하면 한 번 불평하는 순간 벌금을 내기로 하라는 실천 목록을 주었다. 어른은 오천 원으로 하고 아이들은 천 원으로 하게 하였다. 이 설교를 온 가족이 함께 들었으므로 가정에 불평 제로 캠페인을 일으키는 일은 아주 쉬운 일이다. 특별히 설명할 이유가 없다. 온 가족이 함께 설교를 들었기 때문이다.

우리 집에서도 불평하면 벌금을 내는 일을 시작하였다. 결국 내가 제일 많은 벌금을 내었다. 그 일로 우리 집안에 불평이 사라지고 참 행복한 시간을 보냈다. 말씀을 한 가족이 함께 들으면 온 가족이 함께 적용하기에 서로 도전을 준다. 자녀와 함께 예배드리면 물론 자녀에게 큰 도움이 되겠지만 부모에게 더 큰 도움이 된다.

"내가 네게 명령하는 이 모든 말을 너는 듣고 지키라. 네 하나님 여호와의 목전에 선과 의를 행하면 너와 네 후손에게 영구히 복이 있으리라"(신 12:28).

통합예배는
모든 교회가 할 수 있다

지금은 핵가족 시대다. 그래서 조부모 없이 지내는 아이들이 많다. 사람이 조부모와 함께 사는 것이 극히 자연스럽고 당연한 일이다. 지금 우리가 핵가족으로 산다고 해서 조부모 없이 사는 것을 당연시하면 안 된다. 지금 부모인 사람도 나중에 할아버지 할머니가 될 것이다. 그때 손주 없이 할아버지 할머니만 사는 것은 정말 쓸쓸한 일이며 외로운 일이다. 하나님께서 원래 계획하신 모습으로 사는 것이 자연스럽고 당연한 일이다.

핵가족으로 사는 가족은 주일에라도 교회에서 부모를 만나 함께 예배드린다면 더없는 행복이 될 것이다. 통합예배는 교회에서 결정만 한다면 어느 교회든지 할 수 있다. 조부모들은 손주와 함께 예배드리길 원한다. 손주들도 할아버지와 함께 예배드리길 원한다. 만약 교회가 통합예배를 드리기로 결정만 한다면 교인들 모두 좋아할 것이다.

구약에 나오는 광야 교인들이 통합예배를 드렸고 신약에 나오는 초대교회 교인들이 통합예배를 드렸다면 우리가 통합예배를 못 드릴 이유가 없다. 처음에는 생소해서 반대하는 사람이 있기 마련이다. 하지만 옳은 일이라면 해야 하지 않는가? 통합예배를 처음 시도하는 교회는 몇 가지 단계를 밟으면 가능할 것이다.

첫 시도는 5월 어린이 주일날 삼세대가 함께 통합예배를 드리는 것이다. 그때 조심해야 하는 것은 아이들끼리 모아두면 안 된다. 반드시 부모와 함께 앉아야 한다. 두 번째는 5월 한 달을 그렇게 해 보는 것이다. 세 번째는 매달 첫 주나 마지막 주를 온 가족이 함께 예배드리는 것을 시도한다. 이렇게 점차 발전하면 한 달에 두 번에서 세 번까지 할 수 있다. 교인들의 반응이 좋아진다면 주일예배 중의 한 예배를 가족예배로 고정하는 것도 좋은 방법이다.

나는 성경에 기록된 가치는 반드시 성공한다고 믿는다. 성경은 인생사용 설명서다. 인생사용 설명서가 말씀하는 대로 한다면 반드시 성공할 것이다. 첫 시도가 어려울 뿐이다. 통합예배는 새로운 것도 아니고 어려운 것도 아니다. 시도만 한다면 성령께서 도와주실 것이다. 나는 한국의 모든 교회가 통합예배를 드리는 그 날을 위해 기도한다.

우리보다 다음세대가 더 풍성한 열매를 맺는 날이 오도록 우리는 디딤돌로 있길 원한다. 지금은 꽃이 아니어도 좋다. 언젠가 꽃이 필 날이 올 것이다. 나는 우리 자녀들의 어린 새싹 안에 엄청난 숲이 보인다. 가을이 되면 단풍이 온 산을 뒤덮어 보는 이로 하여금 감탄을 자아내게 한다. 어떻게 온 산이 단풍으로 물들게 되었는가? 산에 있는 나무 하나가 단풍이 들면 어느새 온 산이 단풍이 들게 되는 것이다.

어떻게 한국교회 전체가 통합예배를 드리게 되겠는가? 지금 당신이 섬기고 있는 그 교회가 통합예배를 시도하면 된다. 그러면 삼천리 방방곡곡의 교회가 통합예배를 드리게 될 것이다.

"많은 사람이 재능의 부족보다 결심의 부족으로 실패한다."
_ 빌리 선데이

통합예배는
이런 결과를 낳는다

자녀들이 교회를
떠나지 않는다

요즘 한국교회의 큰 문제는 자녀들이 초, 중, 고, 대학 졸업시기에 교회를 떠난다는 것이다. 초등학교까지 열심히 교회를 다니던 아이가 중학교에 들어가면서 중등부에 잘 적응을 못해서 교회를 떠나고, 중등부에 열심을 내던 아이가 고등학교에 들어가면서 고등부에 잘 적응을 못해서 교회를 떠나는 경우가 많다.

초, 중, 고, 대, 청년부로 옮길 때마다 많은 학생이 교회를 떠난다. 정확한 통계는 없지만 저학년에서 고학년으로 올라갈수록 교회 이탈률은 아주 높다. 이렇게 부서를 옮길 때마다 교회를 떠나는 것을 징검다리 아픔이라고 말한다. 이유야 많겠지만 새로운 부서에 올라갔을 때 예배 분위기가 달라서 적응 못하는 경우가 가장 크다. 예배 분위기에는 설교가 아주 큰 부분을 차지한다. 즉 목회자의 설교에 적응하지 못하는 것이다.

온 가족이 함께 통합예배를 드리는 우리 교회에는 이런 현상이 거의 없다. 유초등부 아이들이 중고등학생이 되었을 때도 예배는 여전히 동일하다. 목회자도 여전히 동일하다. 그러니 예배에 대한 갈등이 없다.

징검다리를 건너지 못하는 우리 한국교회는 유럽교회들처럼 둥지가 텅 빈 교회가 되어간다. 영국 장로교회에서 가장 유명한 런던의 웨스트민스터 채플은 과거 마틴 로이드 존스 목사가 목회했던 교회로 영국 장로교회에서 가장 큰 교회였다. 그러나 지금은 주일에 채 200명이 모이지 않는다. 그것도 대부분 노인들이다.

한국교회도 이런 현상이 나타나고 있다. 교회마다 젊은이가 사라지고 노인만 가득하다. 건물은 피라미드 형태의 건물이 가장 안전하고 역피라미드 건물이 가장 위험한 건물이다. 과거에 한국교회는 어른보다 어린이가 더 많은 튼튼한 피라미드 구조였다. 하지만 지금은 어린이보다 어른이 훨씬 더 많은 역피라미드 구조가 되고 말았다. 이런 상태로 가다간 우리 한국도 교회가 텅 빌 날이 얼마 남지 않았다.

지도자는 미래를 생각해야 한다. 지도자는 미래를 앞서 보는 자들이다. 지도자는 위치로 인해 지도자가 아니다. 미래를 생각하지 않는 지도자는 지도자의 자격이 없다. 우리는 한국의 미래를 생각해야 한다. 나는 미래의 한국교회를 생각하면 눈물이 난다. 미래의 교회가 텅 비게 될 것을 생각하니 어찌 눈물이 흐르지 않겠는가? 지금 기성세대 중심의 교회가 다음세대 중심의 교회로 옮겨져야 한다. 다음세대 중심의 교회가 되려면 가장 중요한 예배에 다음세대 아이들이 함께 참석해야 한다.

어린 시절부터 부모와 함께 예배드린 아이는 결코 교회를 떠나지 않는다. 그 아이에게는 징검다리 아픔이라는 것이 없다. 세 살 버릇 여든 간다는 말이 있다. 어린 시절부터 매주 부모와 함께 예배드리며 자란 아이는 교회를 빠져나갈 빈 공간이 생기지 않는다.

아브라함과 함께 늘 제사를 드렸던 이삭은 단 한 번도 하나님을 떠난 적이 없다. 그는 장성하여 자신의 가족을 데리고 다니면서도 언제나 어디를 가도 제일 먼저 예배를 드렸다. 그것은 아버지로부터 배운 것이다. 이삭과 함께 늘 가족 제사를 드렸던 야곱도 어디를 가나 단을 쌓고 예배를 드렸다. 심지어 아버지를 떠나 삼촌 라반의 집으로 가는 들판에서도 예배를 드렸고, 나중에 삼촌 라반의 집을 떠나 고향으로 돌아오는 들판에서도 예배를 드렸다. 이런 야곱의 믿음은 아버지 이삭에게서 배운 것이다.

믿음의 조상들의 예배는 가족예배가 중심이었다. 그들은 자녀에게 신앙을 물려주려고 특별한 의식을 행하지 않았다. 그냥 매

번 절기에 따라 함께 드리는 예배가 저절로 자녀들의 마음에 물려진 것이다. 그들은 제사를 드리다가 하나님을 만났고 하나님을 경험하였다. 그리고 평생 하나님을 붙들고 살았다.

미국교회는 어린 시절 부모와 함께 교회에 와서 예배를 드리다가 초등학교에 들어가면서부터 부모와 다른 각기 부서로 나누어져 예배를 드린다. 그 후 대학생이 되면 부모를 떠남과 동시에 신앙을 떠나는 숫자가 50%에서 많게는 90% 이상이 된다고 한다.

자녀를 대학에 보낸 후 신앙을 잃어버린 것을 보는 부모의 마음에 걷잡을 수 없는 불안과 회의가 몰려온다. 어린 시절에는 신앙이 좋았는데 성인이 된 후 하나님을 버렸다는 안타까운 말을 한다. 최근 들어 미국교회들은 어린 시절에 부서를 나누어 예배드린 결과 자녀가 신앙을 버리게 됨을 보면서 부모와 함께 예배드림의 중요성을 일깨우고 온 가족이 함께 예배드리는 교회들이 다시 생겨나고 있다.

우리는 우리 자녀를 재미 위주의 어린이 예배에 익숙하게 하기보다 어른 예배에 익숙하게 만들어주어야 한다. 그들도 곧 성인이 되어 성인 예배를 드려야 하기 때문이다. 어린 시절에 어른과 함께 드리는 통합예배를 경험하지 못한 자는 어른이 되어 성인 예배에 적응하려면 너무나 고통스러운 시간을 보내야 한다. 어린 시절부터 자연스럽게 어른들과 함께 예배드리는 것에 젖어들게 하는 것이 좋다.

우리는 지금 나이에 따라 부서를 만들어 그 부서에서 같은 또래들과 함께 예배드리는 것을 당연히 여기고 있지만 사실 이것은 그렇게 당연한 것이 아니다. 농경사회에서는 언제나 가족별로 모든 것을 다 하였다. 18세기 말에 시작된 산업혁명 이후에 교육의 필요성이 부각되었고, 1789년 프랑스혁명 의회에서 공교육이 입법화되었으며, 한국에서는 고종 황제의 '교육입국 조서'에 의하여 시작된 교육제도를 근대적 공교육의 시작으로 보고 있다.

모든 교육을 나이별로 구별하기 시작한 것은 불과 200년 전에 불과하였고, 우리 한국에서는 100년 전에 불과하다. 그전에는 대부분의 교육이 학년별로 하기보다 여러 나이가 섞여 있는 것이었다. 온 가족이 함께 찬양하고 함께 기도하고 함께 말씀을 듣는 것이 정말 좋은 것이다. 한국교회는 별생각 없이 부서별로 나누어 예배를 드리는 것을 당연히 여긴다. 그 결과 자녀가 교회를 떠나고 있다. 이제 달라져야 한다.

우리가 자녀에게 물려줄 유산은 재산이 아니라 신앙이다. 우리는 자녀에게 기독교 문화를 물려주려고 하지 말고 하나님을 인격적으로 만나는 예배를 물려주어야 한다. 오늘이라도 늦지 않다. 당신의 자녀와 함께 예배를 드리라. 좋은 영화나 좋은 운동 경기는 돈을 들여서라도 자녀와 함께 보고 싶어 하면서 왜 가장 좋은 예배를 자녀와 함께하지 않는가?

언젠가 우리 아이가 이런 질문을 하였다.

"아빠, 한국에 이렇게 교회가 많고, 교인도 많은데 왜 점점 교회에 어린이들이 줄어들고 있지요?"

바로 대답을 못하고 생각하고 있는데 아내가 이렇게 말했다.

"그 이유는 부모가 자녀를 그리스도의 강한 군사로 키우지 못하였기 때문이지."

부모들은 믿음을 가지고 열정적으로 신앙생활을 하고 있지만 자녀들은 겨우 교회에 억지로 나가고 있는 경우가 많다. 그것은 다 부모가 자녀를 그리스도의 강한 군사로 키우지 못했기 때문이다. 내 자녀들을 그리스도의 강한 군사로 키우지 못하면 세상에 빼앗기고 만다.

이집트의 수도인 카이로는 현재 아랍권에서 가장 많은 이슬람 사원이 있다. 90%의 사람들이 모슬렘이다. 이슬람교도가 대부분인 카이로에서 오랫동안 믿음을 지켜온 콥틱교회가 있다. 콥틱교회 교인들은 수많은 핍박과 박해를 받으면서도 순수한 믿음을 지켜왔다. 지금도 콥틱교회는 테러의 위험을 겪고 있다.

콥틱교회 교인들은 자녀가 태어나면 2주 안에, 아니면 6~7세가 되었을 때 손목 안쪽에 바늘로 파란 십자가 문신을 새긴다. 이유도 모른 채 문신을 새기는 아이들은 큰 목소리로 운다. 과거에는 불로 십자가 형상을 새겼다고 한다. 콥틱교회 교인들은 이 문신을 서로를 알아보는 표시로 삼았다.

손목에 십자가 문신을 새기면 주위 사람들에게 자신이 기독교인이라는 것을 드러내는 것이다. 이슬람 문화권에서 기독교인이라는 것이 알려지게 되면 직장에서 쫓겨남은 물론이고 심지어 결혼도 할 수 없다. 하지만 콥틱교회 교인들은 자기 자녀들이 이런 차별 대우를 받을 것을 알면서도 믿음을 물려주기 위해 십자가 문신을 새겨준다. 콥틱교회 부모들은 이렇게 말한다.

"아들아, 직장에서 쫓겨나는 일이 일어나도 나중에 천국에 들어와라."

"아들아, 결혼하지 못해도 좋으니 나중에 천국에 들어와라."

콥틱교회 교인들은 자녀에게 무엇이 가장 중요한지 아는 자들이다. 콥틱교회는 아무리 핍박이 심해도 신앙의 대가 끊어지거나 교인의 숫자가 줄어들지 않는다. 그들은 부모에게 목숨보다 중요한 신앙을 물려받았기에 그 신앙을 다음세대에게 고스란히 물려준다.

당신의 자녀를 이 세상에서 성공하는 자로 키우려 하지 말고 하나님께 쓰임받는 자로 키우라. 당신의 자녀를 그리스도의 강한 군사로 키우라. 당신에게 최고의 임무는 다음세대를 이끌 인물을 키우는 것이다.

선교를 많이 하는 것보다 더 중요한 것은 시간적 선교사인 자녀를 영적 거장으로 키우는 일이다. 자녀를 영적 거장으로 키울 수 있는 최고의 방법이 바로 부모와 자녀가 예배에 함께 참석하는 것이다. 그 중요한 방법을 미루고 다른 일을 찾으려 하지 말라. 매주 예배가 최고의 기회이다. 매주 우리에겐 최고의 기회가 지나가고 있다. 부모인 우리가 자녀와 함께 매주 진짜 예배를 드린다면 우리의 영성이 자녀에게 저절로 전염될 것이다.

"어린이가 집안에서 들은 말이 세상 끝까지 간다." _ 토마스 풀러

C·H·A·P·T·E·R·02

가정예배를
쉽게 드릴 수 있다

하나님은 인류 최초의 가정 사역자이시다. 하나님은 에덴동산에서 인간을 창조하셨다. 하나님의 인간 창조는 가정으로 시작되었다. 아담과 하와는 하나님의 음성을 듣고 하나님과 대화하였다. 그것이 인류 최초의 가정예배다. 그런데 그들은 하나님의 음성을 듣지 않고 불순종하여 에덴동산에서 쫓겨났다. 그들이 에덴동산에서 나와 가인과 아벨을 낳았다. 세월이 흘러 가인과 아벨은 하나님께 제사를 드렸다. 왜 가인과 아벨이 제사를 드렸는가? 평소에 아담과 하와와 함께 가정예배를 드렸기 때문에 그들이 제사를 드리는 것은 너무나 당연한 일이었다. 가정예배는 태초부터 시작된 것이다.

가정예배의 중요성은 많은 사람이 말해서 다 알고 있다. 가정예배는 자녀를 맡기신 하나님의 뜻을 전할 수 있는 유일한 기회이며, 믿음의 가정만 할 수 있는 특권이다. 성경은 하나님 사랑을 부지런히 가르치라고 말씀하셨다.

> "이스라엘아 들으라. 우리 하나님 여호와는 오직 유일한 여호와이시니 너는 마음을 다하고 뜻을 다하고 힘을 다하여 네 하나님 여호와를 사랑하라. 오늘 내가 네게 명하는 이 말씀을 너는 마음에 새기고 네 자녀에게 부지런히 가르치며 집에 앉았을 때에든지 길을 갈 때에든지 누워 있을 때에든지 일어날 때에든지 이 말씀을 강론할 것이며"(신 6:4-7).

가정예배는 하나님의 사랑을 부지런히 반복적으로 계속 가르칠 수 있는 유일한 시간이다. 가정예배 안에는 엄청난 하나님의 은혜가 있고, 자녀의 미래를 하나님과 함께 여행할 수 있게 해주는 축복이 담겨 있다. 가정예배는 이스라엘 백성이 광야에서 매일 만나를 먹듯이 온 가족이 매일 하나님의 말씀을 먹을 수 있는 영적 식사의 장이다. 하지만 정작 집에서 가정예배를 드리려고 하면 쉽지 않다. 자녀들이 부르는 찬송과 어른들이 부르는 찬송이 다르기 때문이다. 먼저 무슨 찬양을 해야 할지 모르게 된다.

어린아이 중심으로 찬송을 하면 부모들이 모르고 부모 중심으로 찬송가를 부르면 자녀들이 지루해한다. 대부분의 가정이 연초에 한두 번 가정예배를 드리다가 그만두기 일쑤이다.

우리 교회에서는 매주 온 가족이 함께 예배드리기 때문에 가정예배를 드림이 너무 쉽고 자연스럽다. 찬양은 어린아이나 어른이나 매주 주일날 부르던 찬양을 함께하면 된다. 말씀은 성경 한 장을 돌아가면서 한 절씩 나누어 읽고 자기가 은혜받았던 말씀을 나누면 된다. 사람마다 은혜받는 성경 구절이 다르므로 서로에게 좋은 영향을 끼친다. 특별히 설교하거나 준비할 필요도 없다. 말씀 자체가 온 가족에게 힘과 유익을 주기 때문이다.

가끔 자녀들이 질문하면 부모는 길지 않게 대답해주면 된다. 가정예배를 드릴 때 부모가 많은 얘기를 하거나 평소에 하고 싶은 교훈을 펼쳐 놓는다면 자녀들은 가정예배를 싫어할 것이다. 가정예배가 잔소리를 듣는 시간이 된다면 곤란하다. 가정예배 시 말씀 나눔은 성경 말씀 자체가 가족 각자에게 메시지를 주는 시간이 되어야 매일 그 예배를 기대하게 된다.

이런 말씀 나눔도 평소 주일예배가 끝나면 자녀들이 부서별 모임에서 주일 설교 나눔을 하기에 익숙한 일이고, 부모들도 셀(구역) 모임에서 매주 주일 설교 말씀을 나누는 시간을 갖고 있기에 가족 모두가 성경 말씀 나눔을 할 수 있는 것이다. 말씀 나눔이 끝나면 함께 중보기도를 한다. 중보기도 제목은 각자가 내놓을 수도 있다. 자신의 아픔을 정직하게 내놓는 시간이다.

어떤 분이 가정예배에서 일어난 일을 간증하였다. 이 집사님은 자신이 사업이 안 되어 아이들 앞에서 사업이 어렵다고 기도해달라고 울먹였다. 고등학교 2학년 아들이 그날 이후로 공부에 전념해 미국 최고의 대학에서 서로 오라고 하는 성적을 올렸다. 아버지가 아들에게 어떻게 그렇게 열심히 공부했느냐고 물었다. 그 아들은 그날 가정예배 때 아버지가 사업이 어렵다고 하며 울먹일 때 '아, 이제 아버지의 어깨에서 가족부양에 대한 부담을 덜어내고, 내가 우리 가족을 살려야 하겠구나!' 생각하며 죽기 살기로 공부했다고 한다. 정말 은혜로운 간증이었다. 가족이 함께 모여 정직하게 기도 제목을 나누는 곳에는 기적이 일어난다.

가족들은 중보기도 시간을 통해 좀 더 마음을 크게 넓혀가고 월드 크리스천으로 성장해간다. 매일 가정예배를 드리며 자란 아이들은 정말 살아계신 하나님을 너무나 자연스럽게 만나고 그분을 신뢰하고 그분을 믿고 살아간다.

매일 가정예배를 드리는 자녀는 말씀 한 구절 한 구절이 그 마음 판에 새겨진다. 매일 드리는 가정예배를 통해 하나님의 말씀이 마음에 쌓이면 엄청난 영적 실력을 갖추게 된다. 그렇게 말씀이 마음에 가득한 아이는 한 번의 수련회나 한 번의 세미나에서 은혜받고 변한 아이와는 너무나 다른 인생을 산다.

이렇게 말씀이 마음 판에 새겨진 자녀는 다니엘처럼 클린 보이로 자라 한 시대를 이끌어가는 인물이 된다. 하나님은 지금 소돔과 고모라 같은 이 시대에 하나님의 말씀대로 깨끗하게 살아가는 의인 10명을 찾고 있다. 그 10명이 바로 당신의 자녀가 되길 바란다.

성경 사무엘상에 보면 성경의 저자는 의도적으로 아주 대조적인 두 자녀를 등장시키고 있다. 사무엘 그리고 엘리 제사장의 자녀 홉니와 비느하스다. 사무엘은 아주 어린 나이에 성전에 드린 바 되어 성전에서 살았다. 그는 매일 제사드리는 장소에서 수종드는 종으로 살았다. 그는 날마다 찾아오는 유대인들의 제사에 엘리 제사장의 종으로 참여하였다. 어린 사무엘은 제사를 드릴 때마다 낭독하는 성경 말씀과 엘리 제사장의 말씀을 들었다. 하나님의 말씀이 그의 세포에 차곡차곡 채워져 갔다.

이렇게 매일 예배드리는 사무엘과는 다르게 엘리 제사장의 아들들은 가정예배를 드린 흔적이 없다. 엘리 제사장의 아들들은 아버지의 힘으로 제사장이 되었으나 성경은 그들을 이렇게 기록하고 있다. "엘리의 아들들은 행실이 나빠 여호와를 알지 못하더라"(삼상 2:12). "엘리가 매우 늙었더니 그의 아들들이 온 이스라엘에게 행한 모든 일과 회막 문에서 수종 드는 여인들과 동침하였음을 듣고"(삼상 2:22).

이런 기록은 참 믿을 수가 없다. 어찌 40년 동안 사사로 지낸 엘리 제사장의 아들들이 하나님을 알지 못하고 성전에서 이런 행동을 할 수 있는가? 이런 기록은 우리에게 큰 충격을 준다. 믿음의 문제는 그냥 시간이 흐른다고 저절로 되는 것이 아니다. 엘리 제사장은 직업적으로 제사를 드리기만 하였지 단 한 번도 자녀에게 믿음의 중요성을 가르친 적이 없었다. 그는 하나님을 알지도 못하는 아들들을 그냥 제사장으로 세워버렸다. 그는 영성이 없는 가짜 제사장인 것이다.

엘리의 아들들은 아버지인 엘리 제사장의 힘으로 너무나 다른 형식적인 제사장이 되었다. 그들은 하나님을 알지 못하였다. 이런 자녀의 불신앙에 대한 책임은 전적으로 부모에게 있다. 엘리 제사장의 아들들은 제사드리는 장면을 수없이 보았지만 단 한 번도 하나님을 만나거나 하나님의 말씀을 마음 판에 새겨본 적이 없었다. 그들에게 제사장의 일이란 지루하고 하찮은 일이었다.

엘리 제사장은 그 주위에 있는 장로들에게서 아들들의 나쁜 평판을 듣고 두 아들을 불러 충고했지만 아들들은 아비의 말을 듣지 않았다. 그들은 아버지를 업신여겼다. 엘리 제사장의 아들들은 자기 마음대로 사는 데 익숙해져 있었다. 아버지의 영적인 권위는 어릴 때부터 말씀 속에서 자연스럽게 키워지는 것이지 갑자기 세워지는 게 아니다. 엘리 제사장은 자녀들이 어린 시절에 가정에서 예배드리는 것에 실패한 것이다.

사무엘상에 보면 사무엘에게는 기도하는 어머니인 한나가 있지만 엘리 제사장의 자녀들에게는 어미가 등장하지 않는다. 이것은 많은 것을 암시하고 있다. 영성 있는 어머니가 없다는 것은 가정예배의 실패를 예고하는 것이다. 오늘날 현대 사회에서는 가정예배를 아버지가 주로 하기보다 어머니가 리드하는 경우가 더 많다. 정말 가정예배에 성공하려면 어머니가 영성이 있어야 한다.

어떤 분이 가문의 중요성을 조사한 적이 있다. 가정의 중요성을 조사한 사람의 글을 옮겨본다.

약 300년 전에 유명한 법률가인 리처드 에드워드라는 사람이 있었다. 그의 손자는 조나단 에드워드다. 조나단 에드워드는 프린스턴 학장을 지냈고, 미국의 대각성 운동을 일으킨 유명한 사람이다. 조나단 에드워드의 아버지 티모시 에드워드는 목사였고 어머니는 목사의 딸이었다. 그들의 후손을 조사해보았는데 부통령이 1명 나왔고, 대학 학장이 14명, 대학교수가 100여 명, 변호사가 100여 명, 판사가 30여 명, 의사가 60여 명, 목회자가 100여 명, 선교사나 신학 교수가 60여 명이 나왔다. 그의 후손들은 미국 사회의 중요한 영역에 영향을 끼치지 않은 부분이 없었다.

그리고 아주 대조적인 맥스 쥬크라는 에드워드의 친구가 있었다. 쥬크는 에드워드와 함께 주일 학교를 다니다가 그만두고 하나님을 떠나고 믿음이 없는 여인과 결혼하였다. 쥬크의 후손들을 조사했는데 그의 후손 중 310여 명이 정부의 혜택을 받는 극빈자였고, 60여 명이 상습절도범이었으며, 130여 명이 범죄자로 유죄 판결을 받았고, 55명이 음란한 생활을 하였으며, 7명이 악명 높은 살인범이었다.

이 두 가문의 차이가 무엇이겠는가? 바로 가정예배의 차이라고 생각한다. 어린 시절부터 매일 가정예배 속에서 말씀으로 양육된 자녀의 인생은 말씀이 하나님의 위대한 계획을 향해 나아가게 할 것이고, 말씀이 없이 산 사람은 방자한 인생을 살게 될 것이다.

"묵시(비전)가 없으면 백성이 방자히 행하거니와 율법을 지키는 자는 복이 있느니라"(잠 29:18).

당신은 매일 가정예배를 드리고 있는가? 그렇다면 성공을 준비하는 것이다. 당신은 매일 가정예배에 실패하고 있는가? 그렇다면 당신은 실패를 계획하고 있는 것이다. 매일 가정예배를 드려 경건한 가정이 되게 하라. 경건한 가정은 가족뿐만 아니라 주위에 있는 자들을 다 행복하게 만들어준다. 행복은 좇는다고 얻어지는 것이 아니라 경건하게 살 때 저절로 생기는 것이다.

주일날 드리는 예배가 가정예배를 드릴 수 있는 훈련의 장이 되게 하라. 일주일 중 주일날 1시간 예배를 드린다고 일주일 168시간을 성공할 수 없다. 매일 24시간 중 1시간 예배를 드려야 인생에 성공할 수 있다. 일주일에 한 끼 식사하는 사람과 매일 한 끼 식사하는 사람 중 누가 건강한 것인지 묻는 것은 우문이다. 매일 예배를 드리는 자가 승리하는 그리스도인이 된다.

가정예배는 누구나 할 수 있다. 가정예배를 드림은 어려운 일이 아니다. 결단만 하면 된다. 혼자라도 좋다. 오늘부터 시작하라. 자녀가 어려도 좋다. 그냥 오늘부터 시작하라. 위대한 인물은 어린 시절 가정예배를 한 자로부터 키워진다. 지금 가정예배를 드릴 기회를 그냥 흘려보내지 말라. 지금 당신 앞에는 최고의 기회가 펼쳐져 있다. 지금 당신 앞에는 최고의 만남이 기다리고 있다.

"가정 예배는 복의 근원입니다." _ 제임스 W. 알렉산더

C·H·A·P·T·E·R·03

주일 저녁 이후
가족 모임이 행복하다

주일 저녁이면 거의 모든 가족이 함께 모인다. 모이는 시간이 비슷하다. 가족들끼리 모이면 말씀을 나눈다. 나는 우리 교회 모든 모임을 마치고 집으로 돌아가면서 가족들에게 오늘 은혜받은 말씀을 나누라고 말한다. 교회에서 집으로 돌아가는 시간은 시간이 부족할 정도로 많은 말을 한다. 어떤 아이들은 자기 부서에서 말씀을 나눈 것도 같이 나누어 더 풍성해진다. 똑같은 본문으로 똑같은 말씀을 들은 사람들이 각기 다른 은혜를 나누는데 말씀을 전한 내가 도전이 된다. 내가 생각하지 못한 것들을 자녀들이 나눌 때 받아 적기도 한다. 나보다도 말씀을 풍성하게 적용하는 아이들의 말을 들으면서 나에게 도전이 된다.

차 안에서 말씀을 못다 나누었으면 저녁 식사를 하면서 계속 말씀을 나눈다. 그것도 부족하면 식사 후 특별 가족 모임을 가지면서 같이 나눈다. 주일 저녁 가족 모임은 정말 특별한 시간이 된다. 말씀이 풍성하여 은혜의 강물이 흐르고 치유와 회복이 있다. 주일 저녁은 피곤한 시간이 아니라 에너지가 충전되는 시간이다. 행복한 시간이다.

우리 교회 모든 교인도 주일 가족 모임이 행복하다고 말한다. 주일 말씀을 온 가족이 함께 나누기 때문이라고 한다. 일반 교회에서는 이런 말씀 나눔이 어렵다. 일단 주일 말씀 본문이 다 다르고 말씀 내용도 다 다르기 때문에 아무런 공감대가 없어서 마음을 열기가 어렵다. 나는 주일 저녁 가족 모임을 위해서도 삼세대가 함께 통합예배를 드려야 한다고 주장한다. 특히 가족이 함께 말씀 적용할 것이 생기면 그날 저녁은 정말 신나는 시간이다.

말씀을 적용하지 않고 듣기만 한다면 아무런 힘이 없다. 자전거를 타는 강의를 아무리 들어도 직접 자전거를 타지 않는다면 자전거와 나는 아무 상관 없다. 설교는 이론이나 강의가 아니라 삶으로 나타나야 한다. 가정은 주일날 예배 시간에 들은 말씀을 일상생활에 적용할 수 있는 최고의 장이다. 각기 다른 말씀을 듣고 말씀을 적용하려고 하면 온 가족이 함께 받아들이는 데 어려움이 있다고 하지만 함께 말씀을 들었다면 그 말씀 적용이 아주 쉽고 온 가족이 함께 그 적용을 실천할 수 있게 된다.

처음 교회에 나오는 초신자들이 뜨겁게 예배드리고 말씀을 듣고 자신의 삶에 적용하는 반면에 교회에 오래 다닌 성도들은 말씀을 듣기만 하고 실천하지 않아서 바리새인처럼 되는 경우가 많다. 예수님은 겉과 속이 다른 바리새인들을 독사의 자식이라고 꾸중하셨다. 예수님은 이런 과격한 언어를 좀처럼 사용하지 않으셨다. 그런데 바리새인들에게는 독사의 자식이라고 거침없이 말씀하시고, "화 있을진저"라고 저주도 하셨다. 왜 그러셨나? 말씀을 듣기만 하고 말씀대로 살지 않았기 때문이다.

사도 바울은 로마서 2장에서 유대인들의 죄를 지적하면서 그들의 위선을 적나라하게 드러내었다.

"하나님 앞에서는 율법을 듣는 자가 의인이 아니요 오직 율법을 행하는 자라야 의롭다 하심을 얻으리니"(롬 2:13).

맛있는 음식을 보기만 하고 먹지 않는다면 그는 병들게 될 것이다. 맛있는 음식을 보았으면 먹고 소화하여 몸에 영양분이 되어야 한다. 말씀을 듣기만 하고 실천하지 않는다면 우리 몸은 병들고 마음은 바리새인처럼 위선자가 되고 말 것이다. 말씀을 들었으면 반드시 말씀을 구체적으로 어떻게 적용해야 하는지 나누는 장이 있어야 한다. 주일 저녁은 주일예배에서 들은 말씀을 어떻게 적용할지 나누는 귀한 시간이다. 나는 매주 주일 저녁이 기다려진다.

"새가 둥지에서 나는 법을 익히듯이
인간은 가정에서 그러하다." _페스탈로치

예수님처럼 다음세대에
관심을 둘 수 있다

예수님에게는 가는 곳마다 수많은 무리가 몰려들었다. 예수님은 그 당시에 최고로 인기 있는 랍비였다. 어른이나 아이 구별할 것이 예수님의 설교를 듣기 위해 예수님 주위를 따라다녔다. 예수님께서 벳새다 언덕에서 설교하신 후 제자들에게 무리를 위해 먹을 것을 주라고 하자 안드레가 어린아이의 도시락을 가지고 왔다.

예수님은 그 도시락에 들어 있는 오병이어로 장정 5천 명을 먹이고도 열두 광주리나 남게 하셨다. 이 사건을 볼 때 예수님의 설교를 듣는 무리 안에는 분명 어린아이들도 있었다. 어린아이들은 예수님의 설교를 듣고 어렵다고 생각하지 않았다. 주위에 있는 자들을 위해 먹을 것을 내놓으라고 하였을 때 오병이어 도시락의 주인공이었던 어린아이는 주저하지 않고 자신의 것을 내놓았다. 이 기적은 어린아이의 헌신이 없었더라면 일어나지 않았을 일이다.

예수님은 어린아이의 손에 있는 작은 것을 가지고 엄청난 일을 하셨다. 지금도 예수님은 어린아이들의 마음을 움직여 놀라운 일을 하길 원하신다. 예수님은 어린아이들의 헌신을 통해 어른들을 부끄럽게 하신다. 언제나 예수님은 약한 것을 들어 강한 것을 부끄럽게 하는 대가이시다.

예수님은 어린아이들을 귀히 여기신다. 예수님은 예수님 곁에 어린아이들이 오는 것을 막지 말라고 말씀하셨고, 어린아이 같지 아니하면 천국에 들어가지 못하리라고 말씀하셨다. 예수님은 누구보다도 어린아이들을 귀히 여기셨다.

우리도 예수님처럼 어른 예배에 어린아이들이 참여하는 것을 막지 말아야 한다. 예배에 어린아이들이 없다면 오병이어 기적 같은 놀라운 기적이 일어날 기회를 막고 있는 것이다. 어린아이들이 알아듣지 못할 것이라는 선입관을 버리라. 예수님은 어린아이들이 예수님에게 오는 것을 막지 말라고 하시는데 정작 우리는 어른 예배에 어린아이들이 오는 것을 막고 있으니 참 안타까운 일이다.

나는 우리 교회 예배에 어린아이들이 참여하는 것을 적극 권장하고, 또 예배에 참여하도록 하고 있다. 물론 아이들이 예배 시간에 장난치기도 하고 조금 소란스럽기도 한다. 그 정도의 어려움은 기쁘게 감수해야 한다. 어린아이들이 어린 시절에 어른 예배에 들어가는 것에 대한 거절감을 경험하면 평생 어른 예배에 대한 거부감을 가지게 된다. 나는 어린이들이 우리 어른 예배에 오는 것을 적극 환영한다. 그래야 이 아이들이 커서 예배를 좋아할 것이다. 어린아이들이 교회에 오면 교회가 자신들을 환대하고 귀히 여기고 있다는 것을 알아야 한다.

내가 삼세대가 함께 드리는 통합예배에 용기를 가질 수 있었던 것은 예수님께서 어린아이들을 가까이하고 사랑하셨기 때문이다. 예수님은 지극히 작은 자를 대접하는 것이 내게 하는 것이라고 말씀하셨다(마 25:40). 당신의 자녀는 결코 평범한 아이가 아니다. 당신의 자녀는 반드시 나중에 영적 거장이 될 것이다.

어떤 의과대학 교수가 학생들에게 이런 질문을 했다.

"여러분, 어떤 가정이 남편은 매독, 임질에 걸렸고, 부인은 폐결핵입니다. 아들 4형제를 낳았는데 한 아들은 병들어 죽고 3형제도 다 병들었습니다. 그런데 또 임신했습니다. 그러면 이 아이를 어떻게 했으면 좋겠습니까?"

대부분의 의대생들은 "낙태를 시켜야죠"라고 대답했다.

그때 교수가 말했다.

"그렇지 않습니다. 바로 그 아이가 베토벤입니다. 베토벤의 부모님이 그런 가운데 베토벤을 믿음으로 낳았습니다."

당신이 세상적으로 유명하지도 않고 영적으로 병들었다고 해서 당신의 자녀를 영성 없는 자로 키우면 안 된다. 당신의 자녀가 다음 세계를 움직이는 위대한 아이라는 믿음을 가지고 기도하라.

교회가 투자해야 할 곳이 많다. 양육, 교육, 국내 전도, 긍휼, 장애우 돕기, 인터넷, 실버, 직장 선교, 군 선교, 학원 선교, 해외 선교…. 이 수많은 사역 중에 무엇을 우선순위에 두어야 하는가? 다른 것도 다 중요하겠지만 다음세대를 위한 투자보다 중요한 것은 없다. 다음세대에 대한 투자가 없다면 미래는 없다.

몇 해 전에 영국에 있는 유학생들을 위한 집회에 강사로 갔다. 영국에서 목회를 하는 친구 목사가 몇몇 영국 교회들을 보게 해주었다. 첫 번째 본 교회 건물은 천 년이 넘는 역사가 깊은 교회인데 일반인에게 팔려 아파트로 개조되었다고 해서 마음이 씁쓸하였다. 분명 겉모습은 교회인데 교회 유지비를 감당하지 못하여 아파트로 바뀐 것이다. 그런데 그것은 별로 놀랄 일이 아니라며 조금 후에 역시 천 년이 된 교회가 힌두교 사원으로 팔린 건물을 보여주어서 정말 놀랐다. 앞에는 종탑이 있는 교회인데 교회 건물에 힌두교 모형을 몇 개 세워두었다. 어찌 이런 일이 있을 수 있는가?

친구 목사는 대수롭지 않다고 말하면서 다시 한 교회를 보여주었다. 그 교회에는 건물 앞과 건물 벽에 현수막이 붙어 있었다. 무슨 성경공부 광고를 하는 듯한 글귀가 쓰여 있었다. 자세히 그 글을 읽어보니 정말 놀라지 않을 수 없었다. "Do you want to know about Islam?"(당신은 모슬렘에 대해 알고 싶습니까?). 정말 나는 내 눈을 믿을 수가 없었다. 건물 입구에는 모슬렘 아카데미라고 쓰여 있었다.

친구 목사는 한 곳 더 보여줄 곳이 있다며 나를 또 천 년이 된 교회로 데려갔다. 밤이 되어 어두웠는데 교회 본관에는 입구에만 불빛이 있고 교회 옆 교육관에는 찬란한 불빛이 화려하게 있었다. 대부분의 교회가 어두웠는데 이 교회는 환한 빛이 있어 마음이 좋았다. 그런데 친구 입에서 나오는 말은 정말 충격적이었다. 교회 본관은 아직 교회로 사용하고 있고 교육관은 술집으로 팔렸다는 것이다. 술집에는 손님이 가득하고 불빛이 환하지만 교회는 찾아오는 교인이 없어 불이 꺼져 있다는 것이다.

영국이 어떤 나라인가? 과거에 한국에 토마스 선교사를 파송한 나라가 아닌가? 과거에 감리교회의 창시자인 요한 웨슬레와 휘트필드가 있었던 곳이 아닌가? 과거에 5만 번의 기도 응답을 받았던 조지 뮬러가 있었던 곳이 아닌가? 지금 영국에는 교회에 다니는 사람을 찾아보려고 해야 찾아볼 수 없을 만큼 기독교인이 적다. 교회는 관광객이 구경하는 박물관이 된 지 오래이며, 수많은 교회가 현상유지를 못해서 팔려나가고 있다. 왜 그렇게 되었는가? 다음세대에게 복음을 전하지 않았기 때문이다.

우리는 무엇보다 다음세대에 투자해야 한다. 한국교회의 운명은 다음세대에게 달려 있다. 한국교회도 다음세대에 대한 투자를 하지 않는다면 영국교회와 다를 바 없게 될 것이다. 어린아이가 없는 세상은 사막이며 황사가 휘몰아치는 벌판이다. 지금 아이가 태어나고 있다는 것은 하나님께서 아직도 세상을 포기하지 않으셨다는 증거이다.

당신의 교회가 한국교회를 살리는 교회가 되게 하라. 옳은 일이라면 해야 한다. 당신의 교회가 한국교회의 운명을 뒤바꿀 교회이다.

"모든 아이는 하나님께서 아직도 인간에게 절망하고 있지 않다는 메시지를 품고 탄생한다." _타고르

당신 자녀의 가능성을
발견하게 된다

이탈리아 밀라노에서 자동차로 남동쪽으로 약 한 시간 정도 가면 스트라디바리우스의 고향 크레모나라는 마을이 있다. 그곳에 가면 스트라디바리우스가 만든 바이올린을 볼 수 있는 박물관이 있다. 스트라디바리우스가 평생 만든 바이올린은 1101개로 알려져 있고, 지금 세상에 남아 있는 것은 650개 정도라고 한다. 그의 바이올린 가격은 작게는 2억에서 수백 억에 이른다. 그 스트라디바리우스 악기를 모아둔 장소에 들어가 보니 외관상으로 다른 바이올린과 특별히 달라 보이지 않았다. 겉모양은 똑같았고 그 속에 스트라디바리우스라는 이름이 적혀 있는 것이 다를 뿐이었다. 그런데 그 이름이 새겨진 바이올린은 엄청난 가치를 지니고 있었다.

이 스트라디바리우스는 6개월에 한 번 박물관에서 꺼내 세계적인 연주자들이 연주를 한다. 그래서 스트라디바리우스만이 가지고 있는 아름답고 독특한 소리로 주위 사람들을 매료시키고, 또 그 악기의 아름다운 소리를 유지하는 것이다.

당신의 자녀는 남들이 보기에는 너무나 평범한 아이처럼 보이지만 결코 평범한 아이가 아니다. 왜냐하면 그 아이의 마음 판에는 예수님이라는 이름이 새겨져 있기 때문이다. 당신의 자녀에게서 예수의 소리가 나게 하라. 세상이 깜짝 놀랄 인물이 될 것이다. 당신의 가문은 결코 초라한 가문이 아니다. 남들 눈에는 당신 가문이 특별히 내세울 것이 없는 가문이라고 하여도 당신은 세상 사람에게 없는 예수를 담고 있다. 베들레헴이 지극히 작고 작은 마을이었지만 예수가 태어날 마을이기에 결코 작은 마을이 아니었다.

"또 유대 땅 베들레헴아 너는 유대 고을 중에서 가장 작지 아니하도다. 네게서 한 다스리는 자가 나와서 내 백성 이스라엘의 목자가 되리라"(마 2:6).

하나님께서 가장 작은 마을 베들레헴을 향하여 작지 않다고 말씀하신 이유가 무엇인가? 예수님이 태어날 곳이기 때문에 그렇다. 그곳은 본래 가장 작은 마을이었지만, 아무도 주목하지 않았던 시시한 마을이었지만 예수님이 태어났다는 한 가지 이유만으로 유명해지고 중요한 곳이 되었다. 예수님만 있으면 아무리 작은 곳도 큰 곳으로 바뀌게 된다. 반대로 예수님이 없으면 아무리 큰 곳도 작은 곳으로 바뀐다. 이것은 사람에게도 적용된다. 예수님이 있으면 아무리 작은 사람도 큰 사람이 되고, 예수님이 없으면 아무리 큰 사람도 작은 사람이 된다.

당신이 가지고 있는 능력이 중요하지 않다. 당신이 가지고 있는 재산도 중요하지 않다. 당신의 가문도 중요하지 않다. 매 순간 당신의 자녀 안에 예수님이 살아계시게 하라. 그 아이가 이 세상에서 가장 큰 자이다. 하나님은 그 아이를 통해 세상을 바꿀 것이다.

"후손이 그를 섬길 것이요 대대에 주를 전할 것이며 와서 그의 공의를 태어날 백성에게 전함이여 주께서 이를 행하셨다 할 것이로다"(시 22:30-31).

충만하게 하신 하나님의
뜻을 이루게 된다

우리 교회에는 기성세대의 수나 어린이의 수가 거의 비슷하다. 매주 아이들이 태어나고 있다. 원래 자녀 한 명 정도 있는 교인이 우리 교회에 오면 세 명 이상 낳는다. 이것은 교회의 분위기 때문이다. 하나님께서 사람에게 주신 첫 번째 명령은 자녀를 많이 낳고 번성하라는 것이었다.

"하나님이 그들에게 복을 주시며 하나님이 그들에게 이르시되 생육하고 번성하여 땅에 충만하라"(창 1:28).

하나님께서 우리에게 주신 최초의 명령도 지키지 않으면서 어

Part 3. 통합예배는 이런 결과를 낳는다 | 121

찌 다른 명령을 듣고 지키겠는가? 우리가 하나님의 말씀을 듣고 순종해야 할 것이 많지만 이 첫 번째 명령을 듣는 것은 무엇보다도 중요하다.

구약성경에 나오는 성도들은 자녀를 많이 낳았다. 유대인들은 자녀를 많이 낳는 것이 하나님의 뜻임을 알고 순종하였다. 그들은 자기 집안에 자녀가 태어나지 않으면 큰 수치로 생각하였다. 그래서 성경에서 한나 이야기나 엘리사벳 이야기를 기록하고 있는 것이다. 그들은 자녀를 많이 낳는 것을 자랑으로 여겼다. 그러나 현대인들은 자녀를 많이 낳지 않는다. 자녀가 많으면 양육비가 많이 들어간다고 한 명만 낳으려고 한다.

우리 주위에 자녀를 한 명만 낳은 사람이 많기에 그냥 별생각 없이 한 명만 낳고 사는 것을 당연히 여긴다. 시대 흐름을 따라가려고 하지 말고 하나님의 말씀을 따라야 한다. 자녀를 한 명만 낳아 기르면 편할 것 같지만 오히려 더 키우기 힘들다. 왜냐하면 혼자인 아이는 혼자 사랑을 독차지하며 자라서 옆 사람에 대한 이해심과 배려가 부족하다. 잘못하면 자기 고집이 세지고 자기 자신만 아는 이기적인 아이가 되기 쉽다.

자녀가 세 명 이상이면 어린 시절부터 여러 명의 형제 속에서 양보를 배우고 돕는 것을 알아서 좋은 인간관계를 유지하게 된다. 미래 사회는 실력보다 인간관계가 더 중요한 사회가 된다. 즉 성품이 좋은 자가 리더가 된다는 뜻이다. 좋은 성품은 어린 시절에 많은 형제 속에서 만들어진다. 그래서 자녀는 많아야 좋다.

성품뿐만 아니라 인생을 살다 보면 큰일을 만나기 마련이다. 예를 들면 결혼식을 하거나 부모님이 병이 들거나 부모님이 돌아가시거나 하는 일이 생긴다. 그때 자녀가 혼자인 아이는 큰일 앞에 무척 당황하게 된다. 무거운 피아노를 혼자 들면 무리가 되지만 4명이 같이 들면 쉽게 들 수 있는 것과 마찬가지다.

또 부모는 부모대로 혼자인 그 자녀를 항상 데리고 다녀야 한다. 그러나 자녀가 셋만 되어도 아이들끼리 있으면서 따뜻함을 느끼고 외롭지 않게 지내게 된다. 그래서 부모가 자유롭게 다닐 수 있지만 자녀가 하나면 혼자 집에 남겨두기 어렵다. 이것은 자녀에게도 불편하고 부모도 불편하게 되는 구도이다. 양육비를 걱정하는 사람이 많은데 이것 또한 주님께서 해결해주신다. 자녀를 주신 이가 책임지는 것은 당연한 일이다. 그것이 믿음이다. 믿음은 그분을 절대적으로 신뢰하는 것이다.

성경은 인생 사용설명서다. 성경이 말씀하는 것은 언제나 옳다. 자녀를 많이 낳은 것이 옳은 일이기에 그렇게 해야 한다. 그것이 답이다. 하나님은 좋으신 분이다. 좋으신 분의 말씀에 순종해야 한다. 하나님은 언제나 옳으시다. 옳으신 분의 뜻을 따라야 한다. 모든 것을 합력하여 선을 이루실 분이다. 그분을 신뢰하라.

예수님을 믿는 사람의 자녀가 많은 것은 자연적으로 교회 성장을 가져다준다. 불신자가 자녀를 한 명이나 두 명을 낳고, 신자는 자녀를 많이 낳는다면 다음세대엔 믿는 자가 많아질 것이다.

모슬렘은 이것을 알고 정말 많은 자녀를 낳는다. 그들은 다산으로 한 나라를 정복할 계획을 가지고 있다. 영국에는 모슬렘들이 이민와서 힘든 노동을 하였다. 이들의 숫자가 점점 많아져서 지금은 영국에서 시장이 되고 국회의원이 되고 있다. 이젠 영국에서 모슬렘의 세력이 막강하다. 미국에서도 점점 모슬렘의 숫자가 늘어나고 있고, 유럽 전역에는 이미 모슬렘의 숫자가 아주 많아졌다. 그들은 다산으로 그들이 거주하는 나라를 정복하고 차지하고 있다.

예수님을 믿는 우리는 성경에 기록한 말씀에 순종하여 자녀를 많이 낳고 땅을 다스리고 정복해야 한다. 우리 교회에는 자녀가 세 명인 가족이 많다. 우리 교회 목회자들의 자녀는 대부분 세 명 이상이다. 자녀가 세 명이 되지 않는 가정은 입양을 하기도 한다. 우리 교회에서는 입양이 자연스럽다.

왜 우리 교회에는 자녀를 많이 낳는가? 자녀가 많은 가정의 자녀들이 순종적이고 행복해 보이기 때문이다. 자녀를 많이 낳게 하는 것은 말로 되는 것이 아니다. 듣고 보고 느껴야 한다. 자녀가 많은 것은 하나님의 명령이다. 자녀가 많은 것은 하나님의 뜻이다. 자녀를 많이 낳는 것은 행복으로 가는 길이다. 자녀를 많이 낳는 것이 미래를 위한 가장 확실한 투자이다. 나는 우리 한국이 믿음의 자녀들로 가득한 세상이 되는 꿈을 꾼다.

이새의 집안에는 아들이 8명이 태어났다. 그 집안의 막내가 바로 천국 로열패밀리의 시작인 다윗이다. 만약 이새의 집안에 다윗이 태어나지 않았다면 이새는 정말 후회스러운 인생을 살 뻔하였다. 당신이 낳은 마지막 자녀가 바로 다윗이 될 것이다. 다윗이 태어날 축복을 놓치지 말라. 이새의 가장 큰 비전은 다윗이었다. 당신의 가장 큰 비전은 바로 당신의 자녀이다. 당신 인생에 당신의 자녀보다 더 큰 비전은 없다. 황금알은 주식이 아니라 당신의 자녀이다. 자녀를 많이 낳는 것은 절대로 후회하지 않을 일이다.

"젊은 자의 자식은 장사의 수중의 화살 같으니"(시 127:4).

C·H·A·P·T·E·R·07

대를 이어 믿음의 유산을
물려줄 수 있다

부모들은 오늘 스스로에게 물어보라. 나는 내 자녀에게 신앙의 유산을 물려주었는가? 나중에 물려준다고 말하지 말라. 지금 물려주어야 한다. 요셉은 17세에 갑자기 부모와 생이별하고 부모를 떠나게 되었다. 그러나 그는 이미 신앙의 유산을 물려받았기에 애굽 땅에 노예로 팔려가도 믿음을 버리지 않았다. 갑작스럽게 자녀에게 믿음의 유산을 물려줄 수 없는 순간이 온다. 그 순간은 아무도 모른다. 그래서 믿음의 유산은 나중에 물려주는 것이 아니라 어릴 때 물려주어야 한다.

나는 어릴 때 몸이 약해 자주 아팠다. 어머니는 새벽예배를 갔다 오시면 매일 내 머리맡에서 눈물로 기도하셨다.

"하나님, 우리 원태에게 은혜를 베풀어 주옵소서!"

어머니의 눈물이 내 얼굴에 떨어졌다. 나는 어머니의 눈물의 기도를 들었고 보았다. 그 어머니의 기도가 나를 목사로 만들었다. 부모가 정말 기도하는 자라면 그 자녀도 기도할 것이다. 자녀는 부모가 기도하라는 말을 듣고 기도하는 것이 아니라 부모의 기도를 보고 기도를 한다.

만약 부모가 교회의 모습과 집안에서의 모습이 다른 위선적인 신앙생활을 한다면 그 자녀는 신앙을 버릴 것이다. 나는 우리 교회 부목사들에게 교인들의 진짜 믿음을 보려면 제일 먼저 그 자녀들의 믿음을 보라고 말한다. 목사는 교인들의 겉모습을 보고 그들의 진짜 믿음을 금방 알 수 없다. 그러나 그 교인의 자녀를 보면 부모의 진짜 믿음을 알 수 있다. 부모와 한집에 사는 자녀는 부모의 믿음에 영향을 받게 되어 있다. 만약 내 아이에게 믿음이 없다면 다 부모의 책임이다. 오늘 모든 부모는 자녀를 바라보며 이렇게 말해야 한다.

"범인은 나다."

당신의 자녀가 기도하지 않는가? 범인은 당신이다. 당신의 자녀가 순종하지 않는가? 범인은 당신이다. 자녀에게 '순종하라' 가르치지 말고 당신이 먼저 하나님의 말씀에 순종해야 한다. 당신의 자녀에게 재산을 물려주려고 노력하지 말고 당신이 매일 하나님 앞에 믿음의 삶을 살라. 그것이 바로 믿음의 유산을 물려주는 것이다. 믿음의 유산은 교회에 가라고 말로 해서 되는 것이 아니다. 삶에서 서서히 전달되어야 한다. 자녀에게 많은 재산을 물려주려고 하지 말고 믿음을 물려주라. 그것이 부모가 자녀에게 남겨줄 수 있는 최고의 유산이다. 믿음의 유산은 누구든지 물려줄 수 있다. 가난해도 상관없다. 실력이 없어도 상관없다. 세상 사람 눈에 띄지 않아도 괜찮다. 당신이 믿음의 유산을 물려줄 마음만 가지면 가능하다.

파스칼은 인간에게는 하나님만이 채울 수 있는 빈 공간이 있다고 했다. 어린아이라고 해서 예외는 아니다. 아이들도 사람은 어디로 와서 무엇을 하다 어디로 가는지 알고 싶어 한다. 아이들도 남모를 공허가 있다. 아이들도 그 공백을 채우길 원하며 또 하나님은 그 공백을 통해 각 사람들과 대화하길 원하신다.

우리 자녀가 교회에 다니는 것만으로는 안 된다. 우리 자녀가 기독교 문화를 아는 것만으로도 안 된다. 그것은 무늬만 그리스도인일 뿐이다. 정말 스스로 하나님을 찾고 간절히 기도할 수 있어야 한다. 스스로 하나님을 체험해야 한다. 스스로 하나님의 음성을 들어야 한다. 스스로 하나님을 경외해야 한다. 스스로 하나님의 은총을 입는 것을 느껴야 한다.

아브라함은 아들 이삭에게 많은 재산과 함께 믿음을 물려주었다. 아들 이삭은 많은 재산이 있었지만 큰 기근이 와서 블레셋 왕을 찾아가서 도움을 구했다. 그 많던 재산이 다 사라졌다. 그러나 그에게 믿음의 유산이 남아 있었다. 그가 하나님을 믿는 믿음으로 그 땅에 씨를 뿌렸을 때 100배를 수확할 수 있었다. 이것은 1년 만에 100년 치를 수확했다는 뜻이다. 엄청난 부를 부어주신 것이다. 이삭은 아버지의 재산이 중요한 것이 아니라 믿음의 중요성을 알게 되었다.

이삭의 아들 야곱은 형 에서의 미움을 받아 아버지의 재산은 한 푼도 받지 못하고 삼촌 집으로 도망갔다. 그는 오직 하나님을 믿는 믿음 하나만 가지고 떠났다. 그런데 그가 고향으로 돌아올 때는 암염소 2백 마리, 암양 2백 마리, 암낙타 30마리, 암소 40마리, 암나귀 20마리 등 엄청난 거부가 되어 돌아왔다. 그는 나중에 '이스라엘' 이라는 나라의 시조가 되었다. 부유함은 재산에 있지 않고 믿음에 있다.

야곱의 아들 요셉은 17세에 아버지에게서 재산을 물려받을 틈도 없이 애굽의 노예로 팔려 갔다. 그가 받은 유산은 오직 믿음 하나뿐이었다. 그 믿음이 그를 애굽 최고의 총리로 올라가게 하였다.

부모들이여, 자녀에게 믿음의 유산을 물려주라. 믿음의 유산 안에 부유함이 있고 명성이 있고 은혜가 있고 은총이 있다. 믿음의 유산 안에는 영원한 천국 기업이 있다. 자녀에게 영적인 유산을 남기는 일을 미루지 말라. 오늘 자녀와 함께 영적인 대화를 나누어보라. 오늘 구원의 확신을 점검해보라. 매일 밤마다 당신이 경험한 하나님을 자녀와 나누어보라. 하나님은 부모인 당신을 통해 당신의 자녀를 영적인 거장으로 키우고 싶은 마음이 간절하다. 최고의 기회는 매일 지나가고 있다. 당신의 자녀를 영적인 거장으로 만들라. 그것이 부모에게 주어진 최대의 미션이다.

"돈을 잃어버린 자는 큰 것을 잃은 자다.
친구를 잃어버린 자는 더 큰 것을 잃은 자다.
그러나 믿음을 버린 자는 모든 것을 잃은 자다." _ 스페인 격언

"너는 마음을 다하고 뜻을 다하고
힘을 다하여 네 하나님 여호와를 사랑하라.
오늘 내가 네게 명하는 이 말씀을
너는 마음에 새기고 네 자녀에게
부지런히 가르치며 집에 앉았을 때에든지
길을 갈 때에든지 누워 있을 때에든지
일어날 때에든지 이 말씀을 강론할 것이며."

통합예배의
은혜를 나누다

C·H·A·P·T·E·R·01 _ 김민규 목사

통합예배는 가족의
중요성을 일깨워준다

온 가족 예배의 장점은 예배를 통해 영적인 소통이 이루어진다는 것이다. 예배는 일방적인 것이 아니다. 하나님과 회중 쌍방 간의 소통이 이루어진다. 동시에 함께 있는 회중 안에서 소통이 이루어진다. 지금까지 일반적인 예배에서는 아이와 어른의 수준 차이로 인해 소통이 어렵다고 생각하고 아이들만의 예배를 드려왔다. 하지만 예배는 단순한 의사소통이 아닌 영적 소통이 이루어지는 것이다.

온 가족 예배를 드리면 그 차이를 금방 알 수 있다. 우리 교회에서 부모와 자녀의 대화를 들으면 놀라운 점이 많다. 아이들과 영적인 대화가 이루어진다는 사실 앞에 먼저 놀라움을 금치 못한다. 함께 드리는 예배 안에서 보이지 않는 영적 소통이 이미 이루어지는 것이다. 함께 찬양하고 함께 기도하며 말씀을 함께 들을 때 우리의 영은 하나로 묶인다. 같은 예배를 드려도 영상을 보는 것과 현장에서 예배를 드리는 것이 완전히 다른 이유도 여기에 있을 것이다.

온 가족 예배를 드리는 아이들은 부모 앞에서 자신이 느끼고 경험한 말씀과 그 속에서 만나는 하나님을 이야기하는 것이 어색하지 않다. 그뿐만이 아니라 부모도 따로 시간을 내지 않아도 아이들과 영적인 대화를 할 기회를 얻게 된다. 아이들이 함께 있는 동안 자연스럽게 영적인 대화가 오가기 때문이다.

아이들 입장에서 온 가족 예배는 하나님 앞에서 자신들도 한 인격체로 서게 된다. 아이들을 어린아이로만 취급하면 마냥 어린아이가 될 수밖에 없다. 일반생활에서도 그렇지만 영적인 부분에서도 동일하다. 온 가족 예배에서는 자신도 아빠, 엄마와 똑같은 한 사람이 된다. 그래서 자기 입으로 찬양하고 기도하고 말씀을 듣고 적게 된다.

실제로 예배드릴 때 많은 아이가 말씀에 반응하고 어른들보다 말씀을 더 열심히 적는 모습을 보고 놀라게 될 것이다. 아이들의 영적 성숙은 지식적인 배움을 통해 일어나기보다 더 높은 수준을 보고 경험함으로 일어나게 된다. 그리고 말씀을 듣고 난 후 아이들과 말씀을 나누게 되면 그 효과는 더 분명하다.

말씀을 들음에 있어 이해의 영역보다 적용의 영역이 더 중요하다는 것을 우리는 알고 있다. 대부분의 어른들은 이해의 영역에 머문다. 하지만 아이들은 이해 부분을 넘어 적용의 부분까지 나아간다. 이해 부분으로 끝내려고 하는 부모들도 자녀의 모습을 보고 달라지기 시작한다. 자녀와 함께 드리는 예배가 모두에게 자극이 된다.

이 자극은 주일날 드리는 회중 예배를 넘어서 삶의 예배에까지 선한 영향력을 준다. 아이들은 부모에게 있어 마치 감시자(하나님의 눈)의 역할을 감당하게 된다. 이번 주에 목사님을 통해 화내지 말라는 말씀을 듣고 함께 울며 기도했다. 그리고 주중에 아무 생각 없이 쉽게 화내는 자신을 발견한 적이 있을 것이다. 그러나 아이들은 이런 모습을 보면 바로 반응하게 된다. 결국 아이들이 우리가 말씀대로 살아가는지 아닌지 점검하는 감시자가 되어주는 것이다.

또한 부모의 입장에서는 아이들을 가르치는 데 훨씬 더 도움이 된다. 이전에는 아이들의 잘못을 보면 도덕적인 이유나 아니면 아무런 이유도 말해주지 않고 아이들을 혼냈다. 하지만 함께 말씀을 들으면 그 말씀을 통해서 아이의 문제를 알려줄 수 있다. 왜 그런 행동을 하면 안 되는지, 그런 행동을 할 때 하나님께서는 어떻게 느끼시는지, 무엇을 하나님께서 기뻐하시는지 알려줄 수 있다. 자연스럽게 영적인 부분을 포함해 전 인격적으로 아이들을 대할 수 있게 된다. 실제로 문제 아이들이었던 친구들이 온 가족 예배를 드리면서 점점 변해가는 것을 자주 발견하게 된다.

아이들과 함께 드리는 예배는 또한 역동적이다. 아이들은 솔직하다. 꾸밈이 없다. 그래서 있는 그대로 반응한다. 옆 사람의 눈을 의식하지 않는다. 이것은 예배 가운데 성령이 역사하시게 하는 중요한 요소이다. 아이들로 인해 모든 성도가 더 순수하게 예배 안으로 들어가게 되는 것을 발견한다.

온 가족 예배는 이 시대에 가족의 중요성을 상실하는 현대인들에게 회복의 기회를 제공한다. 일주일 동안 가족들은 모두 따로 떨어져 있다. 부모는 직장일과 가정일과 여러 가지 부업으로, 아이들은 공부하기 위해 학교로 나간다. 그런데 주일에도 우리는 예배에서 분리를 경험한다. 온 가족 예배는 예배에서 분리가 아니라 하나 됨을 경험하게 한다. 온 가족 예배를 드리는 가정이 일반 예배를 드리는 가정보다 아이들이나 어른 모두 행복 지수가 높을 것이다.

마지막으로 온 가족 예배는 불신자들에게 편안하게 다가갈 수 있다. 70년대 교회만 하더라도 동전 소리 하나도 낼 수 없을 만큼 엄숙한 예배를 강조했다. 물론 하나님께 거룩하게 예배드려야 한다. 하지만 이로 인해 불신자들에게 교회의 예배는 너무 문이 높아졌다. 온 가족 예배는 아이들이 함께 있음으로 말미암아 불신자들에게 더 친근하고 부드럽게 접근할 수 있다.

어떤 프로그램이나 선물을 통해서가 아니라 그냥 예배 자체로 자연스럽게 접근이 된다는 말이다. 실제로 온 가족 예배를 처음 드려본 불신자에게 예배 후의 소감을 물어보면 편안하고 따뜻했다는 말을 많이 듣게 된다. 아이들이 함께 있는 것만으로도 불신자들이 그런 마음을 갖게 되는 것이 아닌가 생각이 된다.

통합예배는
드릴수록 더 은혜롭다

우리 기쁨의교회는 삼세대가 함께 예배드리는 교회다. 할머니, 할아버지, 아버지와 어머니가 함께 예배드리는 기존 예배에 그 자녀가 함께하는 예배인 것이다.

나는 이 기쁨의교회에 오기 전까지 이런 예배를 들은 적도 없지만 이런 예배가 가능하리라고는 생각해 본 적도 없었다. '어떻게 아이들이 어른과 함께 예배드릴 수 있단 말인가?'라고 생각했다. 그 이유는 아이들은 어른 예배에서 은혜를 받을 수 없을 것이고, 아이들 때문에 어른들은 예배를 잘 드릴 수 없을 것이라는 추측 때문이었다.

그래서 기존의 많은 교회가 아이들은 당연히 아이들 나름의 쉬운 설교나 율동, 재미를 유발할 수 있는 프로그램이 필수라고 생각하기 쉬웠고, 또 공과공부에 많은 비중을 둔 어린이 주일학교에서 그 모든 예배와 교육을 전담한다.

게다가 아이들과 함께 예배를 드리려면 어른들은 자신들이 예배에 원하는 모습, 즉 엄숙함이나 조용함, 생각하면서 집중하는 것은 어쩌면 포기해야 하는 것일지도 모른다는 생각이 먼저 드는 것도 사실이다. 우리 교회에 처음 나오는 사람들 중에서 이런 약간은 이색적인(?) 분위기에 적응하지 못하는 사람이 있는 것도 사실이다. 그런데 이상한 점은 몇 주가 흐르면서 그 분위기에 생각보다 편하게 적응한다는 것이다.

나는 여기 기쁨의교회에서 처음으로 삼세대 예배를 경험했다.

자연스러움

처음 몇 주는 다른 교회보다는 산만한 분위기가 익숙하지 않았던 것이 사실이고, 또 이상하기도 했다. 하지만 왠지 시간이 지나면서 이런 분위기가 오히려 마음을 편하게 해주었다. 작은 소리에 예민하지 않아도 되는 환경이 오히려 편하게 했던 것이다.

너무나 조용해서 책도 조용히 넘겨야 할 것 같고 큰 소리가 날까 봐 항상 조심했던 기존 교회 예배 분위기와는 다른 이 분위기에 시간이 지날수록 익숙해져 갔다. 가끔 아이들과 눈이 마주치면 웃고, 또 설교 말씀을 사뭇 진지하게 적고 있는 아이들을 보면 도전을 받기도 하면서 그렇게 삼세대 예배에 적응되어 갔다.

그러면서 이런 그림이 떠올랐다. 예수님께서 산에서, 들에서, 때론 배를 띄우고 말씀을 전했을 때 거기에 아이들은 없었을까? 그렇지 않았을 것이라는 것이 대답이고, 또한 그것이 바로 이 삼세대 예배가 초대교회에서 드리던 예배와 유사하며 인위적이지 않은 자연스러운 예배라는 생각이 들었다.

이것이 내가 생각하는 삼세대 예배의 장점 중의 하나다. 인위적이지 않은 자연스러운 모습, 이 분위기 속에서 목사를 통해 전해져 오는 하나님의 말씀을 함께 듣는다.

반복하여 함께 나눌 수 있는 대화의 장이 되는 예배 말씀

그리고 같은 말씀을 어린이 셀에서 함께 나누고 함께 고백하며 기도한다. 나는 유초등부 전도사로서 아이들의 예배에서 말씀을 나눈다. 어른 예배에서 말씀을 듣고 그 말씀 중에서 하나를 내가 어린이 셀에서 나눈다. 이것을 가지고 선생님들이 각 셀에서 나눈다. 또는 가정에서 부모님과 나누기도 한다. 한 말씀을 가지고 삼세대가 대화할 수 있는 것이다.

전해지는 예배 태도의 탁월함

더구나 우리 교회는 이번 해부터 예배 이후에 있는 어와나라는 말씀 암송 프로그램에서도 말씀을 듣고 있다. 물론 여기 말씀은 내가 다른 주제를 가지고 말씀을 나눈다. 나는 기쁨의교회 유초등부 아이들의 말씀을 듣는 태도가 아주 탁월하다고 생각한다. 여러 번의 말씀에도 아이들은 이 모든 말씀 시간을 싫다고 소리지르거나 거부하지 않고 열심히 듣는다.

이 모든 것이 부모, 조부모와 함께 예배드리는 것으로 시작했기 때문일지도 모른다는 생각을 하게 되었다. 세상적으로 말하면 술은 어른에게서 배운다는 말이 있다. 그것은 그 모습을 배운다는 것이다. 어쩌면 예배도 마찬가지가 아닐까? 찬양을 드리고 말씀을 듣고 때로 철야 때 앞에 나와서 무릎을 꿇고 기도하는 모든 모습이 그대로 아이들에게 영향을 주고 있다. 어른의 영성이 그대로 아이들에게 이어지는 것이다. 그래서 아이들이 말씀을 듣는 태도가 훌륭한 것이라고 생각한다.

다음세대를 만드는 큰 틀(frame)

삼세대 예배는 아이들의 가능성을 높이 생각하는 예배라고 생각한다. 아이들이 어른보다 더 수준이 낮은 예배를 드릴 것이라고 생각하는 것은 우리 어른의 생각일 수도 있다. 아이들이 부족한 것은 표현력이지 믿음이나 영혼의 갈급함은 아닌 것 같다. 아이들도 하나님을 원하고 하나님을 기쁘시게 하고자 하는 갈급함이 있다. 물론 어리고 약한 것도 사실이지만 그런 어른들도 많음을 생각할 때, 단지 아이이기 때문에 어른과 함께 예배드릴 수 없는 수준이라고 생각하던 나의 고정관념은 이 기쁨의교회에 와서 여지없이 깨어졌다.

삼세대 예배는 아이들의 수준을 완전 업그레이드시킨다는 것을 내 아이들을 통해서도 깨달았다. 처음 기쁨의교회에 왔을 때 한 시간 앉아 있는 것을 힘들어하던 아이들이 이제는 철야예배에도 참석하고, 철야예배 이후 기도 시간에 기도도 하는 아이들이 되었다. 그리고 이제는 어른과 함께 예배드리는 것을 너무나 좋아하는 아이들이 되었다.

그리고 기본적으로 아이들은 부모와 함께 예배드리는 것을 좋아하는 아이들이 대부분이라는 것도 알게 되었다. 그렇기 때문에 나는 이 삼세대 예배를 경험하면서 삼세대 예배는 다음세대를 향한 인격적인 대우이며 접근이라고 생각한다. 이러한 인격적인 대우를 받은 아이들은 그에 걸맞게 성장하게 마련이다. 이 삼세대 예배는 다음세대 아이들을 위해 마련된 큰 틀이 아닌가 생각한다. 우리 교회 아이들은 어른들과 마찬가지로 예배를 사모한다. 거의 모든 아이가 부모, 조부모와 함께 드리는 예배를 좋아한다.

어른 본위로 예배를 나누지 않고 함께 드리는 것은 어쩌면 너무 당연한 일이 아닌가라는 생각이 든다. 어렸을 때부터 했던 기존의 전통적인 예배가 지금은 오히려 어색할 것 같다.

통합예배는 최고의 것을 올려드리는 것이다

우리 교회는 초등학교 1학년 이상(때로는 5-7세도 같이)이면 부모와 함께 예배를 드린다. 이 풍경도 놀랍지만 더 놀라운 점은 어리다고만 생각하는 아이들이 작은 입을 벌려 주를 찬양하고 설교 말씀을 노트에 기록하며 진지하게 듣는 모습이다. 참으로 나이를 초월한 하나님의 자녀로서의 최고 아름다운 반응을 주께 올려 드리는 모습이다.

같은 시간, 같은 장소에서 온 가족이 하나님 앞에
같은 신앙고백을 드리며 감사하는 시간이다.
언젠가 세 남자아이를 키우는 엄마에게 자녀 양육의 어려움을 들어주며 격려했을 때 그 자매가 이런 고백을 했다. "저희가 주일 예배에 와서 함께 예배드릴 때면 '한 주간도 승리했구나' 하는 감격이 밀려옵니다" 하며 그 벅찬 감동을 얼굴에 담아 말했다. 아이들도, 부모도 한 주간 돌보신 하나님께 한마음으로 감사하는 시간이 된다는 것이다.

주중에 이런저런 일로 서로 부딪혔을 부모와 자녀가 같은 시간, 같은 장소에서 동일한 설교를 들으며 각자에게 주시는 은혜 속에 마음에 치유와 회복, 회개와 감사의 기도를 드리는 모습을 상상해 본다면 바로 통합예배 현장에서 얼마든지 볼 수 있는 풍경이다. 지금도 아빠와 큰아이는 설교를 노트하고 엄마는 막내를 품에 안고 "아멘 아멘" 하며 예배를 드리고 있다.

어른도, 아이도 하나님 앞에는
함께 커 가야 할 자녀임을 경험하게 된다.

함께 하나님을 찬양하고 동일한 설교를 통해 주의 감동하심을 경험하며 부모와 자녀가 함께 주의 임재를 경험하게 된다. 주의 임재 속에서 각자의 죄를 회개하고, 각자에게 주께서 주시는 감동을 받으며 하나님의 자녀만이 경험할 수 있는 특별한 경험을 하게 된다. 찬양과 말씀 속에서 감격하며 눈물짓는 아빠와 엄마, 아이를 보며 무슨 생각을 하겠는가? 엄마, 아빠 혹은 내 아이가 아닌 하나님의 자녀이자 하나님의 형상임을 확인하게 되는 것이다. 또 각자의 마음에 서로에 대해 가졌을 모든 부정적인 생각, 즉 기대감에 못 미치는 부모 혹은 자녀에 대한 원망, 의견이 다른 것의 반복 속에서 갖게 된 관계의 어려움 등을 내려놓게 된다. 이 때는 부모와 자녀가 아닌 오직 하나님 아버지의 돌봄 없이는 살 수 없는 서로와 자신을 보게 되는 것이다.

매 예배 시간마다 하나님의 강력한 임재를 경험하게 된다.
하나님은 사모하는 영혼을 만족시킨다고 하셨다(시 107:9). 우리 교회 예배는 아주 역동적이다. 첫 찬양부터 하나님의 기름 부으심이 강하게 느껴진다. 하나님의 은혜이고 기도의 응답이며 성도들의 사모하는 마음을 만족시키는 아버지 하나님의 강한 임재라고 생각된다. 그런데 한편으로 하나님을 순수하게 사랑하고 갈망하는 어린아이들 덕분이 아닌가 하는 생각이 들 때가 있다. 그만큼 예배 시간에 아이들이 온 마음으로 예배에 집중하여 찬양을 드리고 설교를 듣고 있기 때문이다. 부모들은 예배에 오기 전 아이들의 필요를 먼저 챙기고 화장실에도 미리 다녀오게 한다. 그렇기 때문에 예배 시간에 움직이는 아이들은 거의 없다. 가끔 움직이는 아이들은 우리 교회에 온 지 얼마 안 되는 새 가족일 경우가 많다.

어린아이도 주님의 음성을 듣는다.

우리 어른들은 자녀가 어리면 뭘 모를 것이라는 착각을 한다. 사실 어린아이들은 자신과 주변에 대한 지식이 부족하다. 아직 학습 중이고 경험이 부족하기 때문이다. 그러나 신앙에서만큼은 전혀 그렇지가 않다. 구약성경에서 사무엘이 하나님을 만나는 장면을 생각해보면 더욱 확실하다(삼상 3:4-18). 나이가 어리고 하나님의 음성을 들은 적이 없는 사무엘에게 하나님은 말씀하셨다. 사무엘이 어떻게 들을 수 있을까? 잘 들을 수 있을까? 하나님이 염려하셨을까? 그렇지 않다. 하나님의 자녀인 사무엘이 알아들을 수 있으리라고 하나님은 믿었고, 또 하나님은 사무엘에게 음성을 들려주며 깨닫는 지혜도 주셨을 것이다.

교회 아이들과 하나님에 대한 대화를 나눌 때가 있다. 물론 아주 어리거나 중고등학생이다. 대부분의 아이들이 구원의 확신을 갖고 있고, 예수님께서 자신의 마음에 계신다는 고백을 스스럼없이 하는 것을 본다. 또한 가정예배 때 하나님께서 주시는 마음을 나눈 간증을 들을 때면 더 놀랍다. 어린아이들에게도 하나님은 "엄마에게 순종해라" "~은 잘못한 것이다" "너를 사랑한다" 등의 고백을 듣는 것을 고백한다는 것이다.

이 모든 것은 통합예배 가운데 선포되는 설교(목사님이 기도하며 받으신 하나님이 교회와 성도들에게 주시는 메시지)를 통해 넓고 깊게 하나님에 대한 지식을 갖게 되며 믿음으로 반응하는 가운데 아이들의 영성이 커진 것이다.

어린아이들을 신나는 율동과 찬양, 손유희, 그리고 짧은 설교만으로 예배로 끌어들이려는 하는 것은 아이들도 영적으로 성장해갈 수 있다는 것을 제한하는 것이자 영적 성장을 지연시키는 일이 될 수 있다.

통합예배는 자연스럽게 가정예배로 이어진다.

우리 교회의 많은 가정이 가정예배를 드리고 있다. 어떤 가정이 가정예배를 드리지 않는 이유 중에 한 가지가 갑작스럽게 예배로 자녀를 불러들일 용기가 없기 때문이라고 한다. 그러나 우리 교회는 함께 예배드리며 주께서 주시는 감격을 맛본 경험이 있기에 "예배드리자" 하는 부모의 초청에 아이들이 자연스럽게 이끌림을 받는다. 예배 전에는 불편했던 부모와의 관계도 예배를 통해 회복되는 경험을 하고, 무엇보다 예배자의 기쁨을 함께 경험했기 때문이다.

서로의 연약함을 숨기지 않고 고백하게 된다.

어느 날, 자녀의 출생과 함께 아빠가 되고 엄마가 되었지만 처음부터 그 역할을 완벽하게 하는 부모는 없다. 그렇기 때문에 주일예배라는 신자의 공식 모임, 그것도 하나님의 감동하심이 있는 큰 울타리 안에서 함께 머무는 것은 큰 모험일 수도 있다. 왜냐하면 성령님은 우리를 드러내서 깨끗하게 하시고 성장시키는 것을 기뻐하시기 때문이다.

찬양과 설교를 통해 감동을 받을 때 부모도, 아이도 순수하게 반응하게 된다. 주께서 주시는 것이기에. 그러다 보니 예배 후 삶으로 이어질 때 예배를 통한 경험한 하나님을 나누게 되고 서로에게 사랑과 용서의 말을 하게 된다. 부모가 무조건 권위만 내세우는 것이 아니라 자녀에게 인격적인 대화를 하게 되는 것이다. 마치 하나님께서 우리를 찾아오실 때 인격적으로 찾아오시는 것처럼 말이다.

개인주의가 아닌 공동체를 경험하게 된다.

가족이 나란히 앉아서 예배를 드리며 같이 은혜받고, 다른 가족도 그렇게 예배드리는 모습을 보면서 우리는 가정의 소중함을 더욱 알게 된다. 가족이 함께 모여 있는 모습은 언제 보아도 아름답고, 그 가정에 소속된 그 사람, 그 어린이의 소중함을 보게 되는 것이다. 하나님께서 줄로 재어준 구역의 아름다움을 목도하게 된다(시 16:6).

그래서 그런지 우리 교회 아이들은 배려심이 많다. 양보하고 서로 배려한다. 요즘 대부분의 아이들과 비교해 볼 때 정말 요즘 아이들 같지 않다. 어른들끼리도 자연스럽게 서로의 자녀에 대해, 가정에 대해 깊은 관심을 갖게 된다. 함께 예배드리는 모습을 보면서 서로의 변화도 느낄 수 있기 때문이다.

통합예배는 신앙을
잇게 하는 다리역할을 한다

기쁨의교회에 온 지 5년 6개월이 다 되어 간다. 우리 교회는 예배가 밝고 은혜가 넘친다. 이유는 온 가족이 같이 대예배를 드리기 때문이다. 예전 교회에서는 주일날 아이들을 만나기 어려웠다. 아침에 교회 올 때와 저녁에 집에 갈 때 얼굴을 본다. 하지만 우리 교회는 늘 같이 있는 것 같다. 가장 큰 이유는 예배 때 같이 있어서 그런 것 같다.

온 가족 예배는 성경적이라서 좋다. 예수님의 설교를 듣기 위해 벳새다 들녘에 모인 사람들이 생각난다. 장년 남자 수만 5천 명이었다. 무리가 배고파할 때 한 아이의 도시락 때문에 오병이어의 기적이 일어났다. 분명 무리 가운데 아이들이 함께 있었음을 알 수 있다. 온 가족이 주님의 말씀을 듣고 같이 오병이어의 기적을 체험한 것이다. 나의 아내와 두 아들과 같이 온 가족 예배를 드리면서 같이 은혜를 받는다. 또 교인들이 가족과 같이 예배를 드리며 같이 은혜받는 모습을 보면서 내가 은혜를 받는다. 그동안 내가 본 온 가족의 예배를 보면서 좋은 점 몇 가지를 적어본다.

일관성 있는 주일학교가 좋다.

일반 교회에서는 주일학교 설교와 주일 대예배 설교가 달라서 아이들이 어떤 설교를 듣고 있는지 부모로서 노력하지 않고는 알기가 어렵다. 하지만 한가족 예배로 들었던 담임 목사님의 설교를 부서 사역자들이 다시 아이들 눈높이에 맞게 한 번 더 말씀을 나누는 주일학교가 되어 너무 좋은 것 같다. 실제로 몇몇 아이들을 만나 한가족 예배가 좋은 이유가 뭐냐고 물었는데 주일학교 때 한 번 더 듣게 되어 좋다고 했다. 일관성 있는 말씀 교육은 자라는 아이들에게 심화교육이 되어 좋고, 부모로선 아이들이 먹은 영의 양식이 무엇인지 알 수 있어 좋다.

무엇보다도 담임 목사의 말씀을 다시 나누는 것이라 아이들이 먹을 영혼의 양식에 대해 안심이 되어 좋다. 또 부서 사역자는 담임 목사의 철학에 맞는 말씀을 먹일 수 있어 교역자 입장에서도 마음이 편해서 좋다. 아이들은 목사님이나 전도사님이 같은 목소리를 내기 때문에 혼선이 일어나지 않아 좋다. 교육은 일관성에 시너지가 나온다. 일관성 있는 설교는 영적 교육에 영적 시너지가 된다.

가족의 정서에 안정감을 준다.

초등학교 2학년인 막내아들 용은이에게 물었다.

"너는 부모랑 같이 예배를 드리는 것이 뭐가 좋아?"

아이는 뭐라고 대답을 쉽게 못했다. 그래서 다시 물었다.

"부모랑 같이 예배드리는 것이 싫어?"

아이는 부모랑 드리지 않으면 절대 안 된다고 했다. 아마 같이 예배드리는 것이 정서적으로 안정감을 주는 것 같다. 집에 아빠가 있는 것 그 자체가 마음이 편한 것이 아이들의 심리이다. 이처럼 대예배 때 한가족 예배는 가정 같은 느낌에서 아이들이 예배를 드리는 것 같다.

예배 시간에 딴생각을 할 경우 내가 쉽게 알아챘다. 그래서 집중할 수 있도록 돕는다. 그리고 아이는 금세 예배에 집중한다. 나도 마음이 편하다. 우리 아이가 예배 시간에 예배를 잘 드리는지 못 드리는지 볼 수 없으면 마음이 불안할 것 같다. 아이들이랑 같이 예배드리니까 내 마음이 너무 편하다. 아내와 같이, 그리고 자녀들과 같이 예배드릴 때 정서적으로 모두 안정적이다. 편안한 가운데 말씀이 들리기 마련이다.

가족이 회복된다.

요즘 가정을 보면 구성원 각자가 바쁘게 지낸다. 그래서 가족의 소중함이 점점 약해지는 것 같다. 가족은 같이 모여 있을 때 가족의 기능이 나타난다. 특히 명절에는 가족의 소중함을 더욱 느낀다. 맛있는 음식, 선물 등을 통해 만나면 기쁨이 배가 되는 것같이 주일날 같이 모여 예배드리는 것은 신앙생활에 두 배의 기쁨을 주는 것 같다.

대예배 시간에 다른 가족이 모여 있는 중에 우리 가족을 돌아본다. 아이들도 자기 부모를 찾아가는 것이 본능적이다. 예배 시간 가족의 소중함을 자연스럽게 알게 된다. 가족의 소중함을 알게 되면 가족에게 축복을 빌어준다. 그러므로 한가족 예배는 가족의 기능적 회복뿐 아니라 영적인 회복까지 준다. 진정한 가족의 회복은 한가족 예배부터 시작될 때 가능하다.

가정예배가 살아난다.

가정예배는 크리스천 가장이라면 누구든지 드리고 싶어 한다. 하지만 현실적으로 쉬운 일이 아니다. 삶에 지친 아빠, 일에 피곤한 엄마, 각자 공부하느라 바쁜 아이들이 한데 모여 예배드리는 것은 그 어떤 동기가 있을 때 더 잘 된다. 그것이 바로 한가족 예배이다. 한가족 예배를 주일날 드리고 주일 저녁이나 다음 날 가정 모임에서 주일에 들은 설교 말씀을 나누면서 예배를 드리면 온 가족이 예배에 참여하기가 즐겁다. 일단 서로 같은 주제의 말씀을 들었다는 공감대가 형성되어 있다. 그리고 같은 설교인데도 아이들이 은혜받은 것과 어른들이 은혜받은 것이 서로 다르다. 그래서 은혜의 다양성을 누릴 수 있다.

그리고 부모들은 아이들의 신앙 성장을 중간점검할 수 있어 가정예배의 동기가 된다. 가정예배는 습관이 될 때까지 해야 한다. 그래서 주일 설교를 나누기 위해 가정예배만이라도 드리기 시작하면 다른 날도 드릴 확률이 높아진다. 그러므로 온 가족 예배는 가정예배를 살아나게 하는 원동력이 된다.

아이들의 신앙이 빨리 성숙한다.

조기 유학이라는 말이 있다. 사실 자녀를 가진 부모라면 한 번쯤 생각해보았을 것이다. 조기유학에 대해 사람들은 찬성과 반대의 의견을 가지고 있다. 그것이 주는 장점과 단점이 있기 때문이다. 하지만 자녀가 좋은 교육 환경에서 공부하며 자라기를 바라는 마음은 공감할 것이다.

이처럼 아이들이 은혜를 빨리 받는 방법이 무엇일까 고민해야 한다. 바로 온 가족 예배를 통해 아이들도 조기 은혜를 받으면 좋겠다는 생각을 가져야 할 것이다. 물론 어린 시절부터 어른의 설교를 들으면 아이들이 이해할 수 있을까라는 의문점이 들 수 있다. 하지만 아이들은 잘 적응한다. 어린 시절부터 어른의 설교를 듣는 것은 성경적이다. 예수님이 말씀하실 때 가족들 사이에 아이들이 있었다. 물론 아이들이 어른들처럼 100% 설교를 이해할 수는 없다. 하지만 아이들은 성장할수록 그 설교의 이해가 깊어지고 넓어질 것이다.

주일학교에서 따로 설교를 듣다가 장년이 되어 어른 설교를 들을 때 적응하는 시간이 많이 걸릴 것이다. 하지만 한가족 예배는 그런 문제가 잘 해결된다. 어린 시절부터 담임 목사의 설교를 들으며 자란 아이는 어른 예배에 대한 거부감이 없다. 그리고 초등학교 5~6학년부터 어른들처럼 신앙의 묵상이 깊어진다. 이것은 주일학교 아이들과 대화를 통해 알 수 있게 된 것이다.

한가족 예배를 통해 아이들의 신앙 성숙은 빨라진다. 신앙의 확립은 빠른 비전과 꿈을 꾸게 하며 인생의 목표를 분명히 할 수 있는 장점이 있다. 그러므로 조기 유학, 조기 교육 이전에 아이들의 꿈과 목표를 수립하는 것이 더 우선이 되어야 하는 것처럼 꿈과 목표를 수립하기 전에 바른 신앙을 확립해야 한다. 조기 신앙 성숙은 믿음의 철을 들게 한다.

믿음의 세대 차가 극복된다.

우리나라 아이들은 초등학교, 중학교, 고등학교를 다니면서 부모와 대화가 단절된다. 그래서 대학을 가고 난 뒤 아이들은 부모와 공감대가 형성되는 추억이 약하다. 특히 신앙생활의 추억이 단절되는 것은 결국 가정의 세대 차를 가져오게 한다. 이러한 세대 차를 완벽하게 막을 수는 없지만 줄일 수는 있어야 한다.

한가족 예배는 부모와 같이 예배드리면서 은혜도 같이 받고 찬양도 같이 부르기 때문에 신앙의 추억이 많다. 같은 주제를 가지고 대화할 수 있고, 예배 시간에 광고도 같이 듣기 때문에 일정을 공유한다. 그러므로 믿음의 세대 차가 적어지고 동질의 세대성을 갖는다.

우리 교회는 아이들이나 청년들이나 어른들 모두 같은 형식의 예배와 같은 목사의 설교를 듣는다. 그래서 서로 신앙의 공감대가 형성되기에 갈등이 적다. 같은 신앙 색깔, 같은 비전, 같은 교리에 훈련되고 있다. 이것은 다음세대에 신앙을 상속할 수 있는 최고의 방법이다.

부모의 눈물을 아이들에게 보여줄 수 있어 좋다.

우리 교회는 예배 시간 찬양이 뜨겁다. 찬양과 경배 속에 부모들이 하나님의 은혜를 경험한다. 그리고 눈물을 흘리며 기도를 드린다. 옆에 있는 아이는 하나님의 은혜 앞에 반응하는 부모의 모습을 보며 선한 영향을 받는다. 찬양 시간, 기도 시간에 부모보다 더 열정적으로 예배에 열중하는 아이도 많다. 금요기도회 시간에 아이들이 강단 앞으로 나와 무릎 꿇고 기도하기도 한다. 이것은 한가족 예배를 통해 자연스럽게 나오는 결과이다.

은혜는 이론으로 가르치는 것이 아니다. 은혜받은 부모의 눈물은 아이들의 신앙성장에 매우 큰 영향을 미친다. 한가족 예배는 부모의 눈물을 보여줄 수 있는 기회를 자연스럽게 만들 수 있다. 부모의 눈물을 보며 자란 아이들도 결국 하나님의 은혜 속에 눈물을 흘리는 어른으로 성장될 것이다.

자녀의 신앙 성장을 확인할 수 있다.

부모는 내 아이의 신앙 상태를 점검하기 힘들다. 예배를 따로 드린다면 도대체 아이들이 어떤 자세로 어떤 태도로 예배를 드리는지 알 수가 없다. 한가족 예배는 바로 부모 옆에 아이들이 같이 예배드린다. 그러므로 아이들이 예배에 임하는 자세를 자연스럽게 알 수 있다. 그래서 아이들의 신앙을 위해 중보기도할 때 현실적으로 알고 기도할 수 있어 좋다. 그리고 아이들의 신앙상담을 해도 아이들은 거부감을 보이지 않는다.

고등학교 1학년인 나의 큰아들은 요즘 신앙의 문제로 자주 깊이 있게 대화하고 있다. 아이가 인격적으로 신앙을 고민하고 있어 염려도 조금 되지만 성장하는 과정이라 생각하니 마음이 편하다. 이와 같이 자녀들의 고민을 알고 상담하는 부모가 많지 않을 것이다. 이것은 한가족 예배를 통해 신앙의 세대 차가 없고 신앙 성장의 단계를 점검할 수 있는 좋은 예라고 생각된다. 한가족 예배는 단시간에 내에 좋은 결과를 기대할 수 없다. 여러 해 같이 드리다 보면 아이들의 성장의 열매를 보게 될 것이다.

축제의 예배가 된다.

예배는 원래 기쁨이 넘치는 예배가 되어야 한다. 하나님께 구원받은 성도들이 감사와 기쁨으로 드릴 때 가장 좋은 예배이다. 그러므로 예배는 축제가 되어야 한다. 하나님이 주시는 은혜로 감격이 넘쳐야 한다.

대표적인 축제로 결혼식을 떠올릴 수 있다. 결혼식에는 모든 친지가 모여 신랑과 신부를 축하한다. 주일예배 때도 그런 마음으로 주님과 만나는 시간을 가져야 한다. 결혼식과 같은 축제 때 부모만 있지 않다. 아이들과 부모 모두가 같이 기쁨을 나눈다. 나는 어린 시절 부모를 따라 결혼식에 자주 갔다. 그리고 맛있는 음식을 먹으며 서로 기쁨을 나누는 것이 참 좋았다. 주일예배 때도 나의 자녀들과 같이 하나님을 기쁨으로 만나는 날이 되면 좋겠다.

기쁨으로 찬양하고 하나님의 말씀을 들으며 은혜의 예배를 아이들과 같이 축제처럼 누리고 싶다. 아이들 없는 축제는 가족 축제가 아니다. 하나님을 만나는 예배는 가족 축제가 되어야 한다. 한가족 예배는 이 모든 것을 충족한다. 할아버지, 할머니, 엄마, 아빠, 그리고 아이들이 다 같이 하나님께 축제의 예배를 드리는 것은 정말 신나고 기쁜 일이다.

지금까지 내가 한가족 예배에 대해 느낀 점을 9가지로 나누어 살펴보았다. 한가족 예배의 장점을 알 수 있는 최고의 방법은 바로 경험인 것 같다. 이론으로 아는 것보다 5년 정도 같이 예배를 드려보면 좋은 점을 알 수 있을 것이다. 사실 예배 때 나는 하나님에 대해 집중한다. 물론 아이들이 집중하지 않으면 주의를 주기도 하지만 예배 때 나와 하나님과의 관계에 집중한다. 회개할 점, 돌아볼 점, 결정할 것 등 다양하게 목사님의 묵상기도와 말씀을 들으며 나의 신앙에 집중한다. 그러다 보니 아이들이 같이 예배드려 마음이 편한 것 외에는 아이들이 성장하고 있는지 잘 몰랐다.

하지만 가정에서 아이들과 나누고 가정예배를 드리고 아이들이 소년에서 청소년으로 성장할 때 아이들의 신앙 열매가 있는 것을 보며 놀라워하고 있다. 열매 없는 나무를 저주한 예수님의 말씀이 생각난다. 좋은 예배는 그 열매를 통해 알 수 있다. 나는 우리 아이들이 성장하는 모습과 우리 가정이 성장하는 모습의 열매를 분명히 본다. 그러므로 한가족 예배는 다음세대에 민족의 신앙을 잇게 하는 중요한 다리의 역할을 함을 외치고 싶다. 영국 교회처럼 교회들이 텅 비게 해서는 안 된다. 한가족 예배를 통해 다음세대에 신앙을 전수하는 한국교회가 되길 기도한다.

통합예배는 한국교회의 대안이 될 수 있다

수지 기쁨의교회에 부임한 지 3년 되었다. 3년이라는 시간은 나에게 많은 것을 보고 느낄 수 있는 시간이었다. 부임해서 지금까지 지켜본 결과, 기쁨의교회에는 무언가 특별한 것이 있다. 그 특별한 것은 삼세대가 함께 드리는 한가족 예배이다. 내가 본 한가족 예배는 신선한 충격 그 자체였다. 대한민국에 이런 교회가 존재한다는 것 자체만으로도 큰 희망이라고 생각한다. 나는 마치 기자가 특종을 발견한 것처럼 펜을 들었다.

지금부터 2년 간 보고 느꼈던 기쁨의교회 한가족 예배에 대하여 몇 가지 적어보려 한다.

아버지의 마음을 배울 수 있는 한가족 예배

기쁨의교회 한가족 예배는 하나님 아버지의 마음을 배울 수 있는 예배다. 기쁨의교회는 가족 교회다 보니 아이들이 참 많다. 어느 주일 오후 참으로 따뜻한 광경을 보았다. 이제 막 걸음마를 시작하는 아이가 아버지와 다정하게 손을 잡고 예배당으로 걸어가는 모습이었다. 아버지는 아들을 사랑스러운 눈으로 바라보며 아들의 보폭에 맞춰 천천히 걸어준다. 아이는 아버지를 바라보고 방긋 웃으며 아버지와 함께 예배당으로 걸어 들어갔다.

놀라운 점은 기쁨의교회 예배에서 이러한 광경은 아주 쉽게, 그리고 아주 흔히 볼 수 있는 광경이라는 것이다. 교회 전체에 가족의 사랑이 넘친다. 부모가 자녀를 끌어안고 기도하며 자녀는 부모의 품에 안겨 위로를 받는다. 기쁨의교회 가족 구성원을 바라보는 제삼자의 입장에서 그 광경은 하나님 아버지와 아들인 나의 모습을 비추어주는 듯했다. 예배 시작 전이었지만 이미 내 마음은 훈훈하다. 교회 곳곳에 따뜻한 가족의 사랑이 넘쳐나기에 예배자들의 마음은 시작 전부터 기쁨이 넘쳤다.

세대 간 소통의 연결고리 한가족 예배

현재 한국교회는 소통의 어려움 속에 직면해 있다. 세대 간에 불신과 반목이 넘쳐난다. 기성세대와 신세대 간에 대화가 통하지 않기에 끊임없는 갈등이 빚어지고 있다. 이는 단순히 세대 간의 관계 문제에만 머무르지 않는다. 한국교회 예배 가운데에도 소통의 어려움이 있다. 전통예배와 열린 예배 사이의 갈등이 있다. 서로가 부르는 찬양을 이해하지 못하고 서로가 하는 모임이나 생각을 이해하지 못한다.

그러나 기쁨의교회는 이러한 세대 간의 장벽이 한가족 예배로 허물어졌다. 모든 세대가 함께 예배드리며 같은 말씀과 같은 찬양을 한다. 서로의 모임을 이해하고 소통한다. 소통은 이 시대의 화두다. 소통이 없는 공동체는 갈등의 공동체가 될 수밖에 없다. 기쁨의교회 한가족 예배는 이러한 한국교회 고민의 좋은 대안이 될 것이라고 생각한다.

삼세대가 함께 모여 드리는 예배 속에서 우리는 한 비전을 바라본다. 그리고 그것을 위해 함께 기도하고 함께 전진한다. 이러한 모습은 마치 구약의 모습을 연상케 한다. 출애굽 당시 이스라엘 백성은 광야교회였다. 그들은 하나님의 약속에 따라 젖과 꿀이 흐르는 땅을 향하여 한 비전을 바라보며 함께 전진했다. 광야속에서 그들은 모든 세대가 같은 하나님을 경험한다. 하나님의 위대한 일을 함께 바라보고 하나님의 놀라운 인도하심을 함께 경험하며 한 목소리로 하나님을 찬양했다. 기쁨의교회 한가족 예배는 성경적인 예배의 표본이자 함께 소통하며 함께 전진하는 교회의 표본이다.

미래가 기대되는 교회

기쁨의교회는 미래가 기대되는 교회다. 현재 한국교회는 부흥의 모판인 주일학교의 수가 급격하게 줄어가고 있다. 이미 청년부는 무너졌고, 청소년부는 위기 속에 있다. 이 모든 원인은 여러가지가 있겠지만 제일 중요한 것은 주일학교의 근간이 흔들리고 있기 때문이다. 그러면 주일학교의 근간이 흔들리는 이유는 무엇일까? 그것은 가정의 가치관이 무너졌기 때문이다. 부모들이 교회교육을 경시한다. 예배의 전통과 신앙의 가치관을 후손들에게 전승시키지 않고 있다. 이것은 한국교회의 미래에 엄청난 재앙이 될 것이다.

그러나 기쁨의교회는 가족을 중요하게 여긴다. 가족 교회가 교회의 출발이다. 가족의 구성원들은 예배를 중요시 여기고 모두가 함께 예배드리며 예배의 전통과 신앙의 가치관을 전승하고 있다. 아이들은 자연스레 예배에 참석하게 되고 담임 목사의 말씀을 필기하며 내면에 하나님의 말씀을 새기는 훈련을 받고 있다.

또한 기쁨의교회는 한 생명을 소중히 여기고 출산을 장려한다. 인구가 감소됨으로 국가의 장래까지 염려되는 이때 기쁨의교회는 시대를 역류하고 있다. 기쁨의교회는 거의 매달 아이가 태어난다. 유아세례를 받는 모습은 마치 대형교회의 유아세례 현장이 아닐까 하는 착각이 든다. 기쁨의교회는 국가와 한국교회의 미래에 큰 소망이 되고 있다. 현재 기쁨의교회는 장년의 수와 주일학교의 수가 거의 일대일의 비율을 보인다. 역삼각형 구조로 치닫는 한국교회에 충격적인 수치라고 생각한다. 이런 통계는 대형교회에서조차 흉내 내기 힘든 수치이며, 한가족 예배의 장점이 가장 부각된 수치가 아닌가 생각한다.

현재 기쁨의교회 주일학교는 기쁨이 넘친다. 그들을 수용하고 가르칠 장소가 부족할 정도다. 온 교회가 아이들로 넘쳐난다. 이들은 교회의 미래가 될 것이며, 이 현존하는 미래들은 곧 현실이 될 것이다. 이 가슴 뛰는 현장의 출발은 온 가족 예배라고 생각한다. 목회 후보생으로서 신학교에서 공부하고 있는 학생으로서 이는 연구해볼 만한 가치가 있다고 생각한다. 주일학교가 몰락하며 한국교회의 근간이 흔들리는 이때 한가족 예배는 한국교회 미래에 아름다운 대안이 될 것이다. 수지 기쁨의교회는 진정 미래가 기대되는 교회다.

한가족 예배는 다음세대에

민족의 신앙을 잇게 하는

중요한 다리의 역할을 함을 외치고 싶다.

영국교회처럼 교회들이 텅 비게

해서는 안 된다. 한가족 예배를 통해

다음세대에 신앙을 전수하는

한국교회가 되길 기도한다.

특/별/수/록

다음세대를 살리는
통합예배 대표설교문 3편

복음의 삼세대를
지키라

"또 이르시되 나는 네 조상의 하나님이니 아브라함의 하나님,
이삭의 하나님, 야곱의 하나님이니라"(출 3:6).

제가 요르단에 갔을 때 세계에서 최초의 교회가 발굴된 장소
를 가 보았습니다. 그 교회는 마가의 다락방보다 더 앞선 예수님
의 제자 70명이 모인 교회입니다. 요르단 수도 암만에서 북동쪽
으로 40km 정도 떨어진 리하브라는 마을에 세인트 고저스교회
바닥에는 예수님의 제자 70명의 모자이크가 있습니다. 그 교회
는 제자 70명을 기념해서 세운 교회입니다. 그런데 그 교회 밑바
닥에 동굴이 발견되었습니다. 그곳에서는 돌탁자와 성직자가 앉

아 있었던 돌의자 등 70여 명이 모여 예배를 드린 흔적이 발견되었습니다. 추정해 보면 AD 33~70년경에 유대인들이 기독교인들을 핍박할 때 70명의 제자들은 박해를 피해 예루살렘에서 약 240km 떨어진 요르단 북부 리하브마을까지 도피해 와서 동굴에 거하며 믿음을 지켰습니다. 그들은 고난 속에서 믿음을 다음 세대까지 전수하였습니다.

그리고 기독교 핍박이 사라지자 AD 230년에 동굴에서 나와 세인트 고저스교회를 세우고, 그들의 선조인 70명을 기념하면서 70명 모자이크를 교회 바닥에 그렸습니다. 그런데 그들에게 고난이 없어지자 그들은 다음세대에게 예수와 성령을 전하기보다 기독교 문화만 전하였습니다. 그래서 고저스교회는 635년 이슬람군이 요르단을 지배할 때 아주 맥없이 믿음을 완전히 버렸습니다.

참 이상하지요. 고난 속에서 박해를 받을 때는 믿음이 다음세대에 전달이 되는데, 잘 먹고 잘 살 때는 믿음이 전달되지 않는다는 것입니다. 우리가 우리 자녀에게 예수와 성령을 전하지 않고 기독교 문화만 전하면 신앙의 대는 끊어집니다.

영국을 가 보시면 알겠지만 영국도 지금 예수를 믿는 자들을 찾아볼 수가 없습니다. 차를 타고 가면 5분마다 교회가 있습니다. 그런데 그 교회는 이미 술집이나 모슬렘사원, 힌두교사원으로 다 변했습니다. 영국은 우리 한국에 토마스 선교사님을 파송한 나라입니다. 그런데 지금은 믿음을 버렸습니다.

그러면 어떻게 하면 자녀들에게도 계속 믿음을 물려줄 수 있습니까? 바로 삼세대, 즉 내 자녀를 넘어 내 손자들에게 복음을 전하면 됩니다. 성경에는 아브라함을 소개할 때 아브라함의 하나님, 이삭의 하나님, 야곱의 하나님으로 소개합니다.

"또 이르시되 나는 네 조상의 하나님이니 아브라함의 하나님, 이삭의 하나님, 야곱의 하나님이니라"(출 3:6).

왜 성경은 아브라함의 하나님, 이삭의 하나님, 야곱의 하나님이라는 삼세대를 기록하고 있습니까? 만약 아브라함이 이삭에게만 복음을 전했다면 다음세대에 복음전파는 실패할 수 있습니다. 신앙은 다음세대에게만 물려주는 게 정답이 아닙니다. 신앙은 삼세대에 걸쳐 물려져야 진짜 일세대의 역할을 다한 것입니다. 여러분이 여러분의 자녀에게만 믿음을 물려준다면 안전하지 않습니다. 만약 내 아들이 믿음이 약하다면 그 다음세대에는 믿음이 전수되지 않게 됩니다. 그래서 성경은 신앙의 삼세대를 기록하고 있는 것입니다. 여러분은 믿음을 물려주는 목표가 자녀가 되면 안 됩니다. 여러분의 손자, 손녀에게 신앙을 물려줄 책임이 있습니다.

우리 한국도 이제 신앙의 전달에 위기를 맞고 있습니다. 1950 년에서 1970년에 복음을 받아들인 분들이 복음의 일세대들입니다. 이분들이 자녀들에게 복음을 전했습니다. 그러나 복음의 삼세대들이 복음을 전달받지 못한 가정이 너무나 많습니다. 교회마다 어린이들이 사라졌습니다. 물론 아이를 적게 낳는 영향도 있지만 복음이 삼세대까지 전해지지 않은 것이 가장 큰 문제입니다. 아브라함의 하나님, 이삭의 하나님, 야곱의 하나님이라고 기록된 말씀을 잘 묵상해야 합니다.

야곱의 열두 아들 중 가장 믿음이 좋았던 요셉을 잠깐 생각해 보겠습니다. 요셉은 어떻게 17세에 엄청난 영성을 소유하였습니까? 애굽의 노예로 팔려가고, 보디발의 집에 종으로 살다가 억울하게 감옥에도 갇혀도 하나님을 향한 믿음이 약해지지 않았고, 결국 애굽의 총리 자리에까지 올라가게 되었습니다.

요셉은 언제 그런 큰 믿음을 가지게 되었습니까? 창세기에 나오는 연수를 잘 살펴보면 요셉이 17세 때 아버지 야곱은 108세 정도 되었고, 할아버지 이삭은 168세 정도 되었다는 것을 알 수 있습니다. 요셉은 할아버지 이삭과 함께 살았습니다. 상상컨대 요셉은 할아버지 이삭의 신앙을 많이 배웠을 것입니다. 특히 요셉이 열두 살 때 어머니 라헬이 동생 베냐민을 낳다가 죽은 이후로 더더욱 할아버지 이삭의 애정을 많이 받았을 것입니다. 이 가련한 십대 손자를 사랑하는 이삭의 모습은 자연스러운 일입니다.

성품이 좋은 이삭은 슬픔에 빠진 요셉 곁에 와서 이런저런 이야기를 하며 말동무가 되어 주었습니다. 이삭이 가장 많이 하는 말은 아버지 아브라함이 자신을 끌고 모리아산으로 올라가 자신을 묶고 제단에 올려놓고 죽이려고 한 사건이었습니다. 그 죽음의 순간에 하나님께서 아버지를 부르며 이삭을 건드리지 말라고 하시면서 양은 준비되어 있다고 한 말을 전해 주었습니다.

이삭은 실의에 차 있는 요셉에게 심심하면 찾아와 모리아 사건을 말했고, 마지막은 항상 "손자야, 어떤 상황에서도 하나님께서 너를 돌보신다는 믿음을 잃지 말라"였습니다. 요셉에게 큰 믿음을 준 자는 바로 할아버지 이삭이었습니다. 이삭은 손자에게 믿음이라는 가장 큰 선물을 주었던 것입니다. 요셉은 17세 때 이미 모든 어려움을 능히 이길 수 있는 믿음을 할아버지 이삭을 통해 가졌던 것입니다.

여기에 의자가 세 개 있습니다. 첫 번째 의자는 하나님을 만난 자들이고, 하나님을 경험한 자들입니다. 그들은 하나님에게 순종하며 살았던 믿음의 사람들입니다. 두 번째 의자는 하나님에 대해 아는 자들이지만 생활방식은 세상과 적당히 타협하며 사는 자들입니다. 마지막으로 세 번째 의자는 하나님을 알지도 못하고,

기적도 믿지 않는 자들입니다. 이들은 불신자입니다.

성경에는 이 세 의자에 속한 자들을 소개하고 있습니다.

"이스라엘이 여호수아가 사는 날 동안과 여호수아 뒤에 생존
한 장로들 곧 여호와께서 이스라엘을 위하여 행하신 모든 일
을 아는 자들이 사는 날 동안 여호와를 섬겼더라"(수 24:31).

"그 세대의 사람도 다 그 조상들에게로 돌아갔고 그 후에 일어
난 다른 세대는 여호와를 알지 못하며 여호와께서 이스라엘을
위하여 행하신 일도 알지 못하였더라"(삿 2:10).

첫 의자에 속하는 여호수아는 하나님을 믿는 자이며 하나님을
경험한 자입니다. 그는 자신이 직접 눈으로 애굽에 내리는 10가
지 재앙과 홍해가 갈라지는 것을 보았습니다. 그는 가나안 땅의
수많은 적을 하나님의 능력으로 무찌른 장군이었습니다. 그는
110세에 죽어가면서 그를 따르던 장로들을 모아놓고 거친 숨을
내쉬면서 "하나님을 사랑하라. 하나님과 친근히 하라. 그리하면
하나님이 너희들을 이 아름다운 땅에서 지키실 것이라"고 말하고
"하지만 너희들이 이방 민족을 가까이 그들과 적당히 타협을 하
면 이 아름다운 땅에서 멸절하리라"고 외쳤습니다. 여호수아는

하나님을 인생의 최우선순위로 두는 믿음의 사람이었습니다.

두 번째 의자에 속하는 장로 그룹은 여호수아와 함께 기적을 보았던 자들입니다. 그들은 여호수아가 살아 있을 동안에는 하나님을 우선순위에 두고 살았습니다. 그러나 여호수아가 죽은 이후에 그들의 태도는 달라지기 시작했습니다. 그들은 가나안 땅에 사는 이방인들과 적당히 타협하며 살았습니다.

여호수아는 하나님에게 전적으로 헌신을 하였지만 이들은 부분적인 헌신을 하였습니다. 그들은 자신들의 자녀가 이방인들과 결혼하는 것도 허락하였습니다. 그들은 가나안 땅의 사람들과 타협하였기에 긴장도 사라지고, 삶은 더 풍성해졌습니다. 그들은 부유하게 살았지만 성경에 기록할 만한 아무런 삶도 없었습니다. 여호수아의 삶은 여호수아서 1~24장 전체에 기록되어 있지만 이들의 삶은 고작 사사기 1~2장이 전부였습니다. 그것도 전부 가나안 땅의 사람들을 내쫓지 않은 것만 기록되어 있습니다. 이들의 특징은 세상과 타협이었습니다.

세 번째 의자에 속하는 자들은 가나안 땅에 사는 이스라엘 자손들입니다. 이들은 할아버지 세대인 여호수아에 대해 알지도 못하고, 하나님에 대해서도 알지도 못하며, 하나님께서 이스라엘 백성들을 위해 행하신 일도 알지 못하는 자들이었습니다.

사사기 2장 10절에서 이들은 "여호와께서 이스라엘을 위하여 행하신 일도 알지 못하였더라"고 기록하고 있습니다. 어떻게 할아버지 대에 일어난 그 엄청난 일들을 손자 대에 알지도 못하였다고 합니까? 이 기록은 믿음의 유산을 물려주는 것이 얼마나 중요한지를 보여주는 것입니다.

다시 한 가문을 더 소개하겠습니다. 첫 번째 의자에 있는 다윗입니다. 다윗은 하나님을 경험한 자였습니다. 그는 직접 2미터 70에서 3미터 40 사이의 억척 거구인 골리앗을 만나 물맷돌 하나로 그를 물리친 자입니다. 그는 오직 믿음으로 기적을 일으킨 자입니다. 그는 "여호와는 나의 목자시니 내게 부족함이 없다"고 하였습니다. 그는 하나님 한 분이면 그 무엇도 부족한 것이 없었습니다. 그가 믿는 하나님 안에는 모든 것이 다 들어 있었습니다. 다윗은 그의 눈에 보이는 모든 게 다 하나님의 작품이었고, 그의 귀에 들리는 모든 게 하나님의 노래였습니다. 그래서 그는 시를 쓰지 않을 수가 없었습니다.

그가 쓴 시를 한 편만 보겠습니다.

"여호와여 내 마음은 허황되지 않으며 나의 눈은 교만하지 않습니다. 나는 커다란 일들에 관심을 두지 않으며 너무 놀라운 일들에도 관심을 두지 않습니다. 그 대신 나는 잠잠하고 조용히 있습니다. 내 영혼이 어머니와 함께 있는 젖 뗀 아이와 같습니다. 오 이스라엘이여 여러분의 소망을 여호와께 두십시오. 지금부터 영혼토록 소망을 여호와께 두십시오."(시 131:1-3, 쉬운 성경).

다윗, 그의 관심은 오직 하나님이었습니다. 그는 그의 모든 소망을 하나님에게 두었습니다. 그는 정말 믿음의 사람이었습니다. 그는 얼마나 하나님과 가까웠던지 '하나님의 마음에 합한 사람'이라는 별명을 가지게 되었습니다. 그는 누가 봐도 엄청난 영적인 거장이며, 믿음의 1세대로 살았습니다.

두 번째 의자의 사람은 솔로몬입니다. 그는 아버지 다윗에게서 믿음을 물려받았습니다. 그는 아버지의 믿음에 대해 들었고, 골리앗에 관한 얘기도 들었습니다. 솔로몬, 그는 용모가 준수할 뿐만 아니라 지혜도 뛰어나 사람들에게 사랑을 받았습니다. 그는 왕이 되어 아버지 다윗보다 더 큰 부유함을 누렸습니다. 그는 부유함이 주는 편안함 때문에 점점 세상과 타협했습니다. 나이가 들었을 때 그는 부패한 왕이 되었습니다.

"솔로몬의 나이가 많을 때에 그의 여인들이 그의 마음을 돌려 다른 신들을 따르게 하였으므로 왕의 마음이 그의 아버지 다윗의 마음과 같지 아니하여 그의 하나님 여호와 앞에 온전하지 못하였으니"(왕상11:4).

　참 슬픈 기록입니다. 그는 이방 여인들을 부인으로 맞아들이고, 그 부인들의 영향을 받아 세상과 점점 타협하여 하나님보다 이방 신을 좇고 하나님을 떠났습니다. 솔로몬의 인생에 우선순위는 세상 재물과 세상 쾌락이었습니다. 솔로몬은 위대한 일, 큰일이 그의 관심사였습니다. 그는 우선순위에 잘못이 있습니다.

　다윗의 첫 번째 우선순위는 하나님이었습니다. 다윗은 하나님을 위한 일이라면 목숨도 내던졌습니다. 다윗이 골리앗 앞에 서게 된 이유도 그가 하나님의 이름을 망령되이 불렀기 때문입니다. 그런데 솔로몬의 우선순위는 세상이었습니다. 그는 하나님의 말씀을 알고는 있지만 세상과 적당히 타협하여 부인을 천 명이나 두었습니다. 그는 그 여인들의 영향으로 우상 숭배를 하였습니다. 왕인 그가 우상 숭배를 하자 이스라엘 나라 전체가 우상 숭배에 빠졌습니다.

　다윗은 하나님에게 소망을 두었는데, 솔로몬은 재물과 군사력에 소망을 두었습니다. 다윗은 믿음 때문에 목숨을 걸었는데, 솔로몬은 세상과 적당히 타협하며 살았습니다. 솔로몬은 아버지인 다윗과는 전혀 다른 인생을 살았습니다. 그는 결국 인생을 마무리하면서 "헛되고 헛되며 헛되고 헛되니 모든 것이 헛되도다"(전

1:2)라고 탄식하고 이방 숭배자로 인생을 마치고 말았습니다. 그는 믿음의 2세대의 특징인 믿음의 1세대의 믿음을 물려받았지만 세상과 타협하는 전형적인 모습으로 살았습니다.

세 번째 의자는 솔로몬의 아들 르호보암입니다. 그는 아버지 솔로몬이 가진 부유함 속에서 자라 오만방자하였습니다. 그가 왕이 되었을 때 아버지인 솔로몬 왕 주위에 있었던 노신하들의 말을 듣지 않았습니다. 그는 교만하였고, 더 많은 소유에 우선순위를 두었습니다. 그는 40세에 왕이 되어 17년 동안 왕의 자리에 있었지만 단 한 번도 하나님을 찾지 않았습니다. 결국 그는 하나님을 잘 모르는 자였습니다.

그가 정권을 잡자 나라는 두 개로 쪼개졌습니다. 12지파 중 10지파는 르호보암을 떠나 새로운 나라를 세웠습니다. 이스라엘은 르호보암 시대에 끝이 났습니다. 그 이후에 이스라엘 왕국은 분열되고, 결국에는 포로로 잡혀가게 되었습니다. 르호보암은 믿음의 3세대로 믿음을 버린 자였습니다.

여기서 우리는 첫 번째 세대와 세 번째 세대를 잇은 가운데 세대의 중요성을 보게 됩니다. 오늘날 한국도 두 번째 세대들이 주역이 되었습니다. 우리 어버이 세대들은 하나님을 믿는다고 숱한 핍박을 받으면서도 믿음을 지켰습니다. 그들은 교회가 즐거움이었고, 교회가 그들 삶에 전부였습니다. 그들은 무슨 일이 있어도 하나님을 찾았고, 하나님 때문에 행복했습니다. 제 어머니는 지금도 교회가 삶의 중심이고, 교회가 삶의 최우선순위입니다. 우리 어버이 세대들은 하나님을 경험한 자들이었고, 하나님을 붙잡은 자들이었습니다. 그래서 우리나라에 영적인 부유함과 동시에 물질적인 축복이 부어졌습니다.

이제 복음의 두 번째 세대인 우리는 어떻습니까? 믿음의 1세들이 말하는 기적을 들었습니다. 그러나 삶의 최우선순위를 하나님에게 두기보다 세상 성공에 둡니다. 하나님을 신뢰하기보다 돈을 더 신뢰합니다. 세상과 적당히 타협하며 살아갑니다.

우리는 지금 중요한 기로에 서 있습니다. 우리는 지금 솔로몬의 실수를 되풀이 하고 있습니다. 하나님으로 만족했던 다윗보다 더 많은 부귀영화, 더 재미있는 것, 더 지혜로운 것을 찾았던 솔로몬의 길로 가고 있습니다. 믿음의 2세대들은 가족끼리 좋은 곳에 간다면 주일성수도 우습게 여깁니다. 믿음의 열정이 식고, 세상과 적당히 타협하는 것은 다음세대의 영성을 다 죽게 합니다.

성경은 덥든지 차든지 하라고 합니다. 미지근한 신앙생활은 곧 다음세대가 죽는다는 것을 암시합니다. 우리는 삶의 우선순위를 다시 재조정해야 합니다. 사업은 좀 잘되는데 우리 자녀들이 하나님을 잘 모른다면 실패한 인생을 사는 것입니다.

당신은 오늘 이 세 의자 중 어디에 앉아 있습니까? 믿음의 의자입니까? 타협의 의자입니까? 아니면 불신의 의자입니까? 우리는 다음세대에 큰 영향력을 주는 자리에 서 있습니다. 우리가 하나님을 체험하지 않고 하나님에 대해 알기만 한다면 우리 자녀들은 하나님을 버릴 것입니다. 세상과 적당히 타협하며 사는 믿음의 2세대가 되지 마십시오. 당신이 먼저 믿음의 1세대가 되십시오. 그리고 당신의 자녀도 믿음의 1세대가 되게 하십시오. 항상 믿음의 1세대로 살아야 합니다. 아브라함의 하나님, 이삭의 하나님, 야곱의 하나님, 그다음은 나의 하나님이 되어야 합니다. 내가 하나님을 경험해야 합니다. 그리고 내 자녀가 하나님을 경험해야 합니다. 그리고 내 손자, 손녀가 하나님을 경험해야 합니다.

성경을 읽다보면 참 이상한 장면이 나옵니다. 창세기 5장에 보면 아담 자손들의 계보가 나옵니다. 5장 전체가 "누가 누구를 낳고"로 시작해서 "누가 누구를 낳았다"는 것으로 끝이 납니다. 아니, 세계 최고의 베스트셀러인 성경책을 이렇게 쓰면 되겠습니까? 누가 이런 책을 읽겠습니까? 그런데 성경은 굳이 이것을 기록하고 있습니다. 이것은 무엇을 말합니까? 우리가 이 땅에 남기는 것은 자녀뿐이라는 것입니다.

또 창세기 5장은 우리의 삶이 대단하지 않다는 것을 말합니다. 우리의 삶은 자녀에게 미치는 영향력이 전부라는 것을 말하고 있습니다. 당신의 위대한 일, 부유한 일, 재미있는 일, 세상의 유명은 다 쉬 지나갑니다. 그러나 당신이 자녀에게 믿음을 준 일은 영원히 남게 됩니다. 당신의 자녀가 믿음의 1세대가 되게 하십시오. 여호수아처럼 하나님을 수도 없이 많이 경험한 사람, 요단강도 갈라지고 여리고성도 무너지는 것을 경험한 사람, 하나님의 음성에 순종하여 가나안 땅을 다 차지한 사람, 죽어가면서 "하나님과 친하라" "하나님을 사랑하라"고 외치는 사람으로 키우십시오.

다윗처럼 하나님이 전부인 사람, 눈에 보이는 것이 모두 하나님의 흔적인 사람, 귀에 들리는 것이 모두 하나님의 노래인 사람, 하나님을 노래하는 사람, 하나님을 사랑하는 사람, 하나님 때문에 기쁨이 넘치는 사람, 하나님을 위해 죽는 사람으로 키우십시오. 그 사람이 하나님 나라의 왕족입니다.

부모들이여, 오늘 내 자녀를 믿음의 1세대로 키우겠다고 결심하십시오. 경건한 자녀로 키우겠다고 헌신해야 합니다.

"한 분이신 하나님이 네 아내를 만들지 않으셨느냐? 육체와 영이 둘 다 하나님의 것이다. 한 분이신 하나님이 경건한 자손을 원하시는 것이 아니겠느냐?"(말 2:15, 새번역).

"여호와는… 경건한 자손을 얻고자 하심이니라"(말 2:15, 개역한글).

자녀를 둔 부모들을 향한 하나님의 계획은 경건한 자녀를 얻는 것입니다. 한 사람의 중요성을 잊지 마십시오. 여호수아 한 명이 살아 있었을 때는 이스라엘 민족들이 하나님을 버리지 않았습니다. 엄청난 능력을 가진 핵폭탄은 한 개의 작은 원자로부터 시작됩니다. 큰 눈사태는 어떻게 일어납니까? 산꼭대기에서 구르기 시작한 작은 눈송이 하나가 눈덩이를 만들어 산 밑까지 내려가면 엄청난 힘을 나타냅니다. 저는 한 시대를 이끄는 빌리 그레이엄 같은, 무디 같은, 조지 뮬러 같은 자들이 우리 교회 어린이에게서 나오길 기도합니다.

자녀를 믿음의 1세대로, 첫 번째 의자로 살게 하는 비결이 무엇입니까?

첫째, 매주 성령이 역사하는 예배를 함께 드리십시오. 당신이 정말 자녀에게 믿음을 전수시키길 원하신다면 성령의 임재가 있는 예배에 함께 참여 하십시오. 저는 우리 교회가 이런 삼세대 예배를 드리는 것이 얼마나 큰 축복인지 압니다.

둘째, 부모인 당신이 세상과 적당히 타협하지 말고 매순간 삶의 예배를 드리십시오. 매일 삶 속에서 하나님을 만나십시오. 그리고 여러분이 만난 하나님에 관한 이야기를 자녀에게 해주십시오. 믿음의 거장들은 내가 만난 하나님을 자녀들에게 말하였습니다.

셋째, 당신의 자녀가 하나님을 체험하게 하십시오. 일주일에 한 번은 자녀에게 네가 만난 하나님을 말해보라고 하십시오. 자녀들이 매일 하나님을 만나야 합니다.

당신에게 지금 큰 고난이 있어도 세상과 타협하지 않고 믿음의 1세대로 산다면 당신의 자녀가 영적인 거장으로 나타날 것입니다. 당신 과거의 가문을 바꿀 수 없지만 당신이 믿음의 1세대 자리를 선택한다면 당신의 가문은 자자손손 천대까지 축복받는 믿음의 길로 갈 것입니다.

하나님은 당신과 당신의 가문이 믿음의 가문이 되길 원하십니다. 당신이 하나님을 붙잡는 믿음의 피는 자녀에게 전달됩니다. 당신이 믿음의 1세대로 산다면 당신의 자녀는 믿음의 영웅이 될 것입니다.

당신의 인생은 한 번밖에 살지 않습니다. "한 번 더 산다면 내 자녀를 경건한 자녀로 키울텐데…"라고 말하지 마십시오. 오늘이 기회입니다. 당신이 첫 번째 의자에 앉으십시오. 그리고 당신의 자녀도 첫 번째 의자에 앉게 하십시오. 지금 세상과 적당히 타협하는 두 번째 의자에 앉아 있는 분이 있다면 첫 번째 의자로 옮기십시오.

요게벳의 믿음

"레위 가족 중 한 사람이 가서 레위 여자에게 장가 들어 그 여자가 임신하여 아들을 낳으니 그가 잘 생긴 것을 보고 석 달 동안 그를 숨겼으나 더 숨길 수 없게 되매 그를 위하여 갈대 상자를 가져다가 역청과 나무진을 칠하고 아기를 거기 담아 나일 강가 갈대 사이에 두고 그의 누이가 어떻게 되는지를 알려고 멀리 섰더니 바로의 딸이 목욕하러 나일강으로 내려오고 시녀들은 나일 강가를 거닐 때에 그가 갈대 사이의 상자를 보고 시녀를 보내어 가져다가 열고 그 아기를 보니 아기가 우는지라. 그가 그를 불쌍히 여겨 이르되 이는 히브리 사람의 아기로다. 그의 누이가 바로의 딸에게 이르되 내가 가서 당신을 위

하여 히브리 여인 중에서 유모를 불러다가 이 아기에게 젖을
먹이게 하리이까. 바로의 딸이 그에게 이르되 가라 하매 그 소
녀가 가서 그 아기의 어머니를 불러오니 바로의 딸이 그에게
이르되 이 아기를 데려다가 나를 위하여 젖을 먹이라. 내가 그
삯을 주리라. 여인이 아기를 데려다가 젖을 먹이더니 그 아기
가 자라매 바로의 딸에게로 데려가니 그가 그의 아들이 되니
라. 그가 그의 이름을 모세라 하여 이르되 이는 내가 그를 물
에서 건져내었음이라 하였더라"(출 2:1-10).

유대인들은 아기를 낳을 때 어머니가 아기를 낳았다고 기록하
지 않고 아버지가 아들을 낳았다고 기록합니다. 그것은 가부장적
인 사회였기 때문입니다. 그래서 족보를 기록할 때는 "아브라함
이 이삭을 낳고 이삭은 야곱을 낳고 야곱은 유다와 그의 형제들
을 낳고"(마 1:2)라고 기록합니다.

유대인들은 가족을 소개할 때 대부분 아버지만 소개하는 경우
가 많습니다. 그러나 특별히 어머니의 믿음이 뛰어난 가정에는
어머니의 이름도 소개합니다. 대표적인 사람이 바로 모세의 어
머니인 요게벳입니다. 요게벳은 예수님의 어머니 마리아와 사무
엘의 어머니 한나와 함께 성경에 나오는 삼대현모 중 한 사람입
니다.

요게벳이 어떤 사람인지 살펴보겠습니다.

첫 번째로 요게벳은 믿음으로 모세를 숨겼습니다. 이것을 숨기는 믿음, 살리는 믿음이라고 말합니다.

"레위 가족 중 한 사람이 가서 레위 여자에게 장가 들어 그 여자가 임신하여 아들을 낳으니 그가 잘 생긴 것을 보고 석 달 동안 그를 숨겼으나"(출 2:1-2).

여기에서 태어난 아기가 바로 모세입니다. 이 구절을 보면 마치 모세가 첫 아들인 것처럼 되어 있지만 실상은 모세가 태어나기 전에 모세보다 나이가 세 살 많은 아론이 있었고, 또 그 위에 십대인 누나 미리암이 있었습니다. 그러면 왜 출애굽기 2장에서는 모세가 장남처럼 기록됩니까? 출애굽기는 모세의 등장으로 이스라엘 백성들이 출애굽을 하기 때문에 모세를 중심으로 기록한 것입니다. 모세의 부모는 누구입니까? 출애굽기 6장에 보면 모세의 아버지는 아므람이고 어머니는 요게벳으로 나와 있습니다.

"아므람은 그들의 아버지의 누이 요게벳을 아내로 맞이하였고 그는 아론과 모세를 낳았으며 아므람의 나이는 백삼십칠 세였으며"(출 6:20).

모세의 아버지는 자신의 고모와 결혼을 하여 137세에 모세를 낳았습니다. 모세 때의 평균수명이 80세였으니 모세의 아버지는 정말 나이가 많은 노인이었습니다. 모세가 태어날 시대는 애굽 왕이 히브리인 남자 아기가 태어나면 다 죽이라고 명령한 때였습니다. 그러나 모세의 어머니 요게벳은 모세를 죽이지 않고 3개월이나 숨겨 키웠습니다. 이 시기는 히브리인 역사상 가장 어두운 시대였습니다.

히브리인의 시작은 아브라함입니다. 아브라함, 이삭, 야곱, 요셉 나름대로 히브리인들은 대접받는 민족으로 살았습니다. 요셉이 죽고 난 뒤 요셉을 모르는 애굽 왕들이 히브리인들의 수가 너무 많아지자 히브리인들을 핍박하기 시작하였고, 급기야 모세가 태어날 시기에는 히브리인의 남자 아이를 모두 죽이는 시대가 되었습니다.

이 이야기는 만들어낸 신화가 아닙니다. 애굽의 역사에 자세히 기록이 되어 있습니다. 애굽 역사에 보면 모세는 BC 1526년에 태어났고, 히브리인 남자 아이가 태어나면 모두 죽이라고 명령한 애굽 왕은 투트 모세 1세입니다. 그런데 모세의 부모는 모세를 죽이지 않고 석 달 동안 숨기며 키웠습니다. 출애굽기 2장 2절에서는 그 이유를 아기가 잘 생긴 것 때문이라고 기록되어 있습니다.

"그 여자가 임신하여 아들을 낳으니 그가 잘 생긴 것을 보고 석
달 동안 그를 숨겼으나"(출 2:2).

그런데 이 말이 좀 이상하지 않습니까? 부모의 눈에 잘 생기지
않은 아들이 어디 있겠습니까? 여기에 '잘 생긴'이라는 단어는
히브리어로 '토브'입니다. '토브'는 창세기에 하나님이 사람을
만드시고 '보시기에 좋았더라'고 말씀하실 때 '보시기에 좋은 것'
을 말합니다.

이 모세의 태어남을 사도행전에서 더 정확하게 설명해주고 있
습니다.

"그때에 모세가 났는데 하나님 보시기에 아름다운지라. 그의
아버지의 집에서 석 달 동안 길리더니"(행 7:20).

이 구절은 스데반이 모세에 대해 설교를 할 때 말한 것입니다.
스데반이 이렇게 말한 것은 그가 히브리어를 잘 알고 있기 때문
입니다. 즉 잘 생겼다는 말은 하나님 보시기에 좋은 아이였다는
것입니다. 자녀는 태어나는 순간 하나님께서 보시기에 좋았더라
고 말씀하십니다. 다시 말하면 사람의 태어남은 아무도 우연이거
나 부모의 실수로 태어난 것이 아니라 하나님의 계획 속에서, 하

나님의 뜻이 있어서 태어났다는 말입니다.

유대 전승에 의하면 모세의 히브리어 이름은 '보기에 좋은 아이'라는 뜻을 가진 '토비야'였다고 합니다. 세상에 태어나는 모든 아이는 다 하나님이 보시기에 좋은 아이입니다. 그러므로 부모는 모든 자녀를 존귀하게 여기고 하나님 보시기에 좋은 자로 여기고 키워야 합니다.

당신의 자녀는 그 누구도 골치 덩어리로 태어난 것이 아니고 하나님의 사명을 이룰 자로 태어났습니다. 나중에 이 구절을 히브리서는 이렇게 해석합니다.

> "믿음으로 모세가 났을 때에 그 부모가 아름다운 아이임을 보고 석 달 동안 숨겨 왕의 명령을 무서워하지 아니하였으며"(히 11:23).

모세의 부모가 왕의 명령을 무서워하지 않고 모세를 석 달 동안 숨기며 키운 것은 모세 부모의 믿음이라고 말씀합니다. 모세가 태어난 때는 이제 막 바로 왕이 히브리 남자 아이는 다 죽이라는 명령이 떨어진 때이므로 수시로 애굽 군인들이 히브리인 노예의 막사에 들어와서 남자아기를 색출하고 있는 때였습니다. 정말 남자 아기를 숨겨서 키울 수 없는 숨 막히는 상황이었습니다.

그런데 어떻게 모세의 부모는 바로 왕의 명령을 두려워하지 않을 수 있었습니까? 모세의 부모가 바로 왕의 눈치를 본 것이 아니라 하나님을 바라보았기 때문입니다. 모세의 부모는 비록 노예로 살아도 믿음으로 하나님께서 그들과 함께하심을 믿었습니다. 당신의 눈을 어려운 상황에 두지 말고 언제나 하나님에게 두시기 바랍니다. 그것이 믿음입니다. 하나님을 바라보는 믿음을 가진 자는 세상의 눈이 두렵지 않습니다.

그러면 요게벳은 언제 이런 믿음을 가졌습니까? '요게벳'이라는 이름은 '여호와는 영광이시다'라는 뜻을 가지고 있습니다. 모세 이전에는 이름에 여호와라는 말을 합성하지 않습니다. 요게벳이 이름에 여호와가 합성된 유일한 이름입니다. 그만큼 요게벳의 부모가 믿음이 좋았다는 말입니다. 믿음의 부모에게서 믿음의 자녀가 생기는 것은 극히 자연스러운 것입니다. 부모의 믿음은 자녀에게로 전달됩니다. 요게벳이 모세를 숨기는 믿음을 가진 것은 결국 요게벳 부모의 믿음이 그녀에게 전수된 것입니다.

두 번째로 요게벳은 모세를 갈대상자 안에 넣었습니다. 이것은 준비하는 믿음입니다.

"더 숨길 수 없게 되매 그를 위하여 갈대 상자를 가져다가 역청과 나무진을 칠하고 아기를 거기 담아 나일 강가 갈대 사이에 두고"(출 2:3).

모세는 석 달이 되자 목소리가 우렁차고 움직이는 폭이 커져서
더는 숨길 수가 없게 되었습니다. 더 이상 숨겼다가 발각되면 온
가족이 다 죽게 됩니다. 할 수 없이 요게벳은 갈대상자를 만들고
역청과 나무진을 칠하고 그곳에 모세를 넣었습니다. 히브리어 본
문에는 이런 행위를 하는 자가 다 요게벳으로 나옵니다. 모세의
아버지 아므람은 나이가 많아 거동이 어려웠던 것 같습니다.

나일 강가에는 갈대가 많았습니다. 갈대는 보통 3~5m정도 자
라는 수중식물입니다. 이 갈대로 종이도 만들고 배도 만들었습니
다. 요게벳은 갈대상자를 만들고 그 안에 물이 스며들지 않도록
나무진과 도로포장을 할 때 사용하는 역청을 발랐습니다. 이 역
청은 창세기 6장에 나오는 노아가 방주를 지을 때 물이 스며들지
않도록 사용한 것입니다.

"너는 고페르 나무로 너를 위하여 방주를 만들되 그 안에 칸들
을 막고 역청을 그 안팎에 칠하라"(창 6:14).

요게벳은 모세를 살리기 위해 갈대상자를 만들고, 그 안과 밖
을 역청으로 칠하고, 그것도 부족한 것 같아 나무진도 칠합니다.

아마 한 번 칠할 때마다 눈물로 기도했을 것입니다. 갈대상자에는 역청과 나무진이 칠해졌지만 보이지 않는 요게벳의 눈물의 기도도 흠뻑 담겨져 있었습니다. 이런 행동들은 아들 모세를 살리려고 하는 어머니의 필사적인 노력을 보여주는 것입니다.

여기에 나오는 갈대를 파피루스라고 말합니다. 파피루스 하면 기억나는 것이 있습니까? 파피루스는 오늘날 종이처럼 성경을 기록하는 도구였습니다. 파피루스로 된 상자 안에 모세가 담겼다는 것은 숨겨진 메시지가 있습니다. 부모가 자녀를 세상의 물결이 휘몰아치는 바다로 떠나보낼 때 말씀으로 무장시켜 보내야 함을 말합니다. 말씀으로 무장된 아이가 시대를 이끌어 갈 인물이 됩니다.

세 번째로 요게벳은 모세를 하나님께 맡겼습니다. 이것은 맡기는 믿음입니다. 요게벳은 어린 모세를 갈대상자에 담아 나일 강가에 있는 갈대가 많은 곳으로 밀어 넣었습니다.

"더 숨길 수 없게 되매 그를 위하여 갈대 상자를 가져다가 역청과 나무진을 칠하고 아기를 거기 담아 나일 강가 갈대 사이에 두고 그의 누이가 어떻게 되는지를 알려고 멀리 섰더니"(출 2:3-4).

나일강에는 악어, 하마, 뱀 등 무서운 짐승들도 많이 있습니다. 그곳으로 떠나보내는 요게벳의 심정이 어떠했겠습니까? 젖도 떼지 않는 3개월짜리 아들을 갈대상자에 넣어 떠나보내는 엄마의 심정을 한 번 상상해봅시다. 이것은 정말 부모로서 할 수 없는 일입니다. 이런 것을 보면 그 당시 상황이 얼마나 절박하고 위험했는지를 가늠할 수 있습니다.

요게벳은 그냥 갈대상자를 떠나보낸 것이 아닙니다. 요게벳은 갈대상자에 모세의 무게와 똑같은 돌을 넣고 여러 번 테스터를 해보았을 것입니다. 어디에 갈대상자를 놓으면 공주가 목욕을 하는 곳으로 가는지…. 요게벳은 최악의 상황에서도 믿음으로 아기를 살릴 생각을 하였습니다. 어쨌든 요게벳은 마지막으로 보게 될 석 달밖에 되지 않은 모세를 떠나보내면서 아기의 얼굴에 볼을 비비고 눈물의 기도를 드리며 모세를 갈대상자에 넣었을 것입니다. 계속해서 흐르는 눈물을 주체할 수가 없었습니다.

이 요게벳의 심정을 잘 그려놓은 노래가 있습니다. 제가 처음이 노래를 들었을 때 눈물이 막 흘러 내렸습니다. 그 가사를 적어봅니다.

작은 갈대상자 물이 새지 않도록 역청과 나무진을 칠하네
어떤 마음이었을까.

그녀의 두 눈엔 눈물이 흐르고 흘러
동그란 눈으로 엄마를 보고 있는 아이와 입을 맞추고
상자를 덮고 강가에 띄우며 간절히 기도했겠지.

정처 없이 강물에 흔들흔들
흘러내려가는 그 상자를 보며
눈을 감아도 보이는 아이와 눈을 맞추며
주저앉아 눈물을 흘렸겠지.

너의 삶의 참 주인 너의 참 부모이신
하나님 그 손에 너의 삶을 맡긴다.
너의 삶의 참 주인 너를 이끄시는 주
하나님 그 손에 너의 삶을 드린다.
그가 널 구원하시리.
그가 널 이끄시리라.
그가 널 사용하시리.
그가 너를 인도하시리.

너의 삶의 참 주인 너의 참 부모이신
하나님 그 손에 너의 삶을 맡긴다.

너의 삶의 참 주인 너를 이끄시는 주
하나님 그 손에 너의 삶을 드린다.

이제 요게벳이 태어난 지 세 달 된 모세를 위해 할 수 있는 일은 아무것도 없습니다. 이제는 모세를 눈물로 기도하며 하나님의 손에 맡겼습니다. 이것은 맡기는 믿음입니다. 모세를 이 땅에 보내신 분은 하나님이십니다. 모세의 참 부모는 아므람이나 요게벳이 아니라 하나님이십니다. 하나님께서 모세를 이끌어주시길 간절히 기도합니다.

모세가 들어 있는 갈대상자를 히브리어로 '테바'라고 합니다. 성경에 '테바'는 노아의 방주와 갈대 상자에만 쓰는 단어입니다. 이 테바는 움직이는 동력이 없습니다. 노나 키도 없습니다. 그냥 물결치는 대로 떠나가야 합니다. 노아의 방주도 하나님이 끌고 갔습니다. 마찬가지로 모세를 실은 갈대상자도 하나님께서 끌고 가도록 맡기는 것입니다.

우리 인생도 내가 끌고 가는 것이 아니라 하나님께서 끌고 가시도록 맡겨야 합니다. 모든 일에 하나님을 인정하고 하나님께서 최고의 길로 인도하실 것을 믿고 맡기십시오.

"너는 마음을 다하여 여호와를 신뢰하고 네 명철을 의지하지 말라. 너는 범사에 그를 인정하라. 그리하면 네 길을 지도하시리라"(잠 3:5-6).

우리 부모들은 부모의 무능을 인정해야 합니다. 물론 우리의 자녀를 위해 부모는 최선을 다해야 합니다. 그 최선을 다한 후에는 믿음으로 하나님께 맡겨야 합니다. 하나님은 좋은 분이십니다. 믿음으로 최악을 생각하지 말고 믿음으로 최고를 기대하십시오.

모든 부모는 자녀를 떠나보내야 하는 시간이 옵니다. 이것은 요게벳 뿐만 아니라 모든 부모가 자녀를 거친 세상이라는 강으로 떠나보내야 하는 결정을 하는 날이 옴을 의미합니다. 요게벳이 모세를 나일 강가에 떠나보내 듯이 우리도 우리 자녀를 험난한 세상의 강으로 떠나 보내야 합니다. 떠나가는 자녀를 위해 부모가 해줄 수 있는 최고의 일이란 믿음으로 기도해주는 것입니다. 떠나는 자녀를 향해 불안해하지 말고 믿음의 기도를 하고 하나님께 맡기십시오.

"너희 염려를 다 주께 맡기라. 이는 그가 너희를 돌보심이라"(벧전 5:7).

요게벳은 최악의 상황에서도 믿음으로 최고를 기대하였습니다. 그렇게 요게벳이 모세를 하나님께 맡기고 갈대상자에 넣어 나일강에 떠나보냈을 때 무슨 일이 일어났습니까?

> "바로의 딸이 목욕하러 나일강으로 내려오고 시녀들은 나일 강
> 가를 거닐 때에 그가 갈대 사이의 상자를 보고 시녀를 보내어
> 가져다가 열고 그 아기를 보니 아기가 우는지라. 그가 그를 불
> 쌍히 여겨 이르되 이는 히브리 사람의 아기로다"(출 2:5-6).

모세를 실은 갈대상자는 악어 떼를 통과하고 짐승들의 위험을 피해 바로 왕의 딸이 나일강에서 목욕하는 곳으로 흘러 들어갔습니다. 그녀가 갈대상자를 열었을 때 아이가 울었습니다. 그녀는 이 아이의 울음소리를 듣고 불쌍히 여겼습니다. 그리고 곧바로 히브리 사람의 아이임을 알았습니다. 그 아이가 히브리 사람의 아이임을 알게 된 이유는 그 아이를 감싸고 있는 모포가 히브리 인들이 사용하는 것일 수도 있고, 그 남자아이가 할례를 행하였기 때문일 수도 있습니다. 어쨌든 애굽의 공주는 그 아이가 히브리인이니 버리라고 할 수 있었을 텐데 그 아이를 불쌍히 여기고 자신의 양아들로 삼았습니다.

이것은 우연이 아니라 하나님이 베푸신 은혜입니다. 여기에 나오는 애굽의 공주는 역사적으로 투트모세 1세가 낳은 무남독녀인

핫셉수트입니다. 이 공주는 애굽 왕 바로의 외동딸로서 자식이 없었던 여인이었습니다. 그녀에게 양아들이 생긴다는 것은 정말 기쁜 일이었습니다. 마침 이때 이 모든 광경을 쳐다보고 있던 모세의 누이인 미리암이 뛰어와 젖먹이인 이 아이를 키울 유모가 필요하지 않느냐며 자신이 유모를 찾아오겠다고 말합니다.

> "그의 누이가 바로의 딸에게 이르되 내가 가서 당신을 위하여 히브리 여인 중에서 유모를 불러다가 이 아기에게 젖을 먹이게 하리이까"(출 2:7).

애굽의 공주는 그 말을 좋게 여기고 유모를 데려오라고 했습니다.

> "바로의 딸이 그에게 이르되 가라 하매 그 소녀가 가서 그 아기의 어머니를 불러오니"(출 2:8).

상황이 급박하게 흘러갑니다. 미리암은 있는 힘을 다해 어머니 요게벳에게 달려갔습니다. 요게벳은 자신이 또다시 세 달된 모세를 보게 될 줄 몰랐습니다. 얼마나 마음이 조였는지 모릅니다. 요게벳이 바로 공주 앞에 섰을 때 공주는 자신을 위해 어린 아기에게 젖은 먹여 달라고 하며 돈도 주겠다고 하였습니다. 요게벳은 갈대상자에 넣어 보냈던 모세를 다시 만나는 것만으로 눈물이 흘렀습니다. 애써 눈물을 감추며 모세를 안았습니다.

"바로의 딸이 그에게 이르되 이 아기를 데려다가 나를 위하여 젖을 먹이라. 내가 그 삯을 주리라. 여인이 아기를 데려다가 젖을 먹이더니"(출 2:9).

이제 요게벳은 애굽 군인들의 보호 속에서 자유롭게 모세를 키울 수 있게 되었습니다. 이렇게 3~4년을 자유롭게 모세를 키웠습니다. 어린 모세를 키우는 요게벳의 마음이 어떠했겠습니까? 이제 곧 또다시 모세가 젖을 떼는 날 모세를 보지 못할 날이 옵니다. 당신이 요게벳이라면 어떻게 하겠습니까? "아이구~ 내 아들, 무럭무럭 건강하게 잘 크기만 하거라"라고 했겠습니까?

요게벳은 모세에게 모유를 먹일 때마다 눈물의 기도를 했을 것입니다. 모세와 함께 태어난 남자 아이들이 모두 죽고 오직 모세만 살았습니다. 요게벳은 이것을 그냥 운이 좋아서가 아니라 하나님의 섭리가 있음을 알았습니다. 그녀는 모세를 품에 안을 때마다 "하나님, 이 아이가 우리 히브리 민족을 살리는 아이가 되게 해주옵소서" "이 아이를 살리신 하나님의 선한 계획이 있으시

죠?" "이 아이에게 하나님의 은혜를 부어주옵소서"라고 매 순간 눈물의 기도로 모유를 먹였을 것입니다. 모세는 요게벳의 눈물의 기도를 먹고 자랐습니다. 결국 모세는 다섯 살 정도에 요게벳의 품을 완전히 떠나는 날이 왔습니다.

> "그 아기가 자라매 바로의 딸에게로 데려가니 그가 그의 아들이 되니라. 그가 그의 이름을 모세라 하여 이르되 이는 내가 그를 물에서 건져내었음이라 하였더라"(출 2:10).

드디어 모세는 요게벳의 품을 떠나 우상 숭배의 진원지인 바로의 왕궁으로 들어갑니다. 이제 두 번째로 요게벳은 아들 모세를 떠나 보내야만 합니다. 그래도 요게벳은 절망하지 않았습니다. 믿음으로 모세를 하나님께 맡기는 것입니다. 염려하지 않고 하나님께 맡기는 것이 믿음입니다. 요게벳은 낙심하거나 신세한탄하거나 절망하지 않았습니다. 오히려 그녀는 모세를 위해 더 많은 기도를 쌓았습니다.

애굽의 왕궁에 들어간 모세는 모든 학문과 무술과 리더십을 다 갖추게 됩니다. 그가 나이 마흔에 살인을 하고 미디안 광야로 갔을 때 모세의 인생이 다 끝나는 듯하였습니다. 그러나 그의 나이 여든에 하나님께서 친히 모세를 부르셨습니다. 하나님은 왜 도망

자 모세를 부르셨습니까? 하나님은 왜 모세에게 이스라엘 백성들을 출애굽시키라는 사명을 주셨습니까? 요게벳의 믿음의 기도가 응답되는 것입니다.

"너는 내게 부르짖으라. 내가 네게 응답하겠고 네가 알지 못하는 크고 은밀한 일을 네게 보이리라"(렘 33:3).

요게벳에게 세 자녀가 있었는데 첫째 누나 미리암은 여선지자가 되었고, 둘째 아들 아론은 대제사장이 되었으며, 셋째 아들 모세는 민족을 살리는 자가 되었습니다. 믿음의 기도가 쌓인 사람은 절대로 망하지 않습니다.

당신이 부모입니까? 자녀를 위해 믿음의 기도를 쌓으십시오. 자녀에게 돈을 물려주려고 하지 말고 기도를 쌓아주십시오. 기도는 반드시 응답이 됩니다.

한 사람을 소개하지요. 수산나 여사는 목사의 딸로 자라 사무엘 웨슬레라는 목회자와 결혼을 했습니다. 그녀의 남편은 탄광촌을 다니며 복음을 전하는 순회전도자였습니다. 그래서 자주 집을 비우고 돈도 주지 않았습니다. 극심한 가난 속에 살았습니다. 그녀는 19명의 자녀를 낳았는데, 그중 10명의 자녀가 죽고 9명의 자녀를 키웠는데 조금도 믿음이 흔들리지 않았습니다. 그녀는 눈코 뜰 새 없이 바쁜 나날을 지냈지만 부엌에서 밥을 하다가 조금만 시간이 나면 앞치마로 얼굴을 가리고 기도하는 시간을 가졌습니다. 자녀들은 어머니가 부엌에서 치마보를 뒤집어쓰고 있으면 기도하는 중이라는 것을 알았습니다.

그녀는 9명의 아이들을 다 홈스쿨로 키웠습니다. 그녀는 매 순간 기도를 하늘에 쌓았습니다. 그녀의 자녀들이 그 시대를 이끄는 위대한 인물들이 되었습니다. 요한 웨슬레는 감리교를 창시한 위대한 목회자가 되었고, 찰스 웨슬레도 유명한 목회자로 찬송가 8천 곡을 지었습니다. 현재 우리 찬송가에도 13곡이 있습니다.

상황에 흔들리지 말고 끝까지 믿음으로 사십시오. 하나님은 우리의 믿음에 응답하십니다. 우리는 요게벳의 믿음을 보았습니다. 그녀는 노예로 살았고, 태어난 자녀를 죽여야 하는 비참한 시대에 살았습니다. 그러나 절망하지 않고 믿음으로 아기를 3개월 동안 숨겨서 키웠고, 믿음으로 갈대상자를 준비하였으며, 믿음으로 하나님께 맡기고 갈대상자를 강으로 떠나보냈습니다. 하나님께서 요게벳에게 3개월 동안 숨겨 키우라고 말씀하지 않으셨고, 하나님께서 갈대상자에 넣고 나일강에 띄워 공주에게로 가게 하라고 말씀하시지도 않았습니다. 다 요게벳의 믿음입니다.

하나님은 요게벳의 믿음에 반응하여 모세를 살리고 민족을 살리는 자로 부르셨습니다. 모세가 민족을 살리는 위대한 인물이 된 것의 시작은 요게벳의 믿음입니다. 하나님은 우리의 믿음에 반응하십니다. 믿음의 세계는 무한합니다. 당신의 아이도 모세가 될 수 있습니다. 당신의 아이도 민족을 살리는 자가 될 수 있습니다.

낙심될 일이 있습니까? 절망할 수밖에 없는 상황이 되었습니까? 죽을 수밖에 없습니까? 죽는 생각을 하지 말고 믿음으로 사는 생각을 하십시오. 사탄은 우리에게 절망하라고 말합니다. "너의 가정은 끝이야. 이제는 방법이 없어"라고 속삭입니다. 우리에게는 방법이 없지만 하나님에게는 방법이 있습니다. 우리가 해야할 일은 끝까지 믿음을 갖는 것입니다. 다 죽는다고 해도 겁내지 마시고 믿음으로 살 생각을 하십시오. 믿음의 행동을 하십시오. 결국 믿음이 세상을 이깁니다.

믿음이 있는 곳에는 꼬리에 꼬리를 물고 기적이 일어납니다. 믿음을 가진 자에게 기회는 매 순간 나타납니다. 믿음을 가진 자는 버림받지 않습니다. 믿음을 가진 자는 망하지 않습니다.

"내가 어려서부터 늙기까지 의인이 버림을 당하거나 그의 자손이 걸식함을 보지 못하였도다"(시 37:25).

당신의 인생이 아무리 어려워도 미리 낙심하거나 절망하지 마십시오. 당신은 우연히 태어난 존재가 아닙니다. 하나님의 눈에 보시기에 좋은 자로 태어난 소중한 자입니다. 여러분이 토비야입니다. 하나님은 실수를 하지 않는 분이십니다. 지금 살아계신 하나님을 믿습니까? 당신의 어제가 아무리 큰 슬픔 속에 있었다 해도 오늘 아침에는 기쁨이 올 것입니다.

"저녁에는 울음이 깃들일지라도 아침에는 기쁨이 오리로다" (시 30:5).

믿음으로 아침에 기쁨이 온다고 외치십시오. 아침의 생각이 천하무적의 무기입니다. 매일 아침 믿음으로 기쁨이 온다고 말하십시오. 당신의 믿음에 무한한 미래가 열릴 것입니다.

＊ 요게벳의 노래를 보여주십시오!

representative sermon 03

새롭게 꿈을 꾸라

"이후에 여호와의 말씀이 환상 중에 아브람에게 임하여 이르
시되 아브람아 두려워하지 말라. 나는 네 방패요 너의 지극히
큰 상급이니라. 아브람이 이르되 주 여호와여 무엇을 내게 주
시려 하나이까. 나는 자식이 없사오니 나의 상속자는 이 다메
섹 사람 엘리에셀이니이다. 아브람이 또 이르되 주께서 내게
씨를 주지 아니하셨으니 내 집에서 길린 자가 내 상속자가 될
것이니이다. 여호와의 말씀이 그에게 임하여 이르시되 그 사
람이 네 상속자가 아니라. 네 몸에서 날 자가 네 상속자가 되
리라 하시고 그를 이끌고 밖으로 나가 이르시되 하늘을 우러
러 뭇별을 셀 수 있나 보라. 또 그에게 이르시되 네 자손이 이

와 같으리라. 아브람이 여호와를 믿으니 여호와께서 이를 그의 의로 여기시고 또 그에게 이르시되 나는 이 땅을 네게 주어 소유를 삼게 하려고 너를 갈대아인의 우르에서 이끌어 낸 여호와니라"(창 15:1-7).

새해 첫 주입니다. 새해는 지난 모든 실패와 낙심과 아픔을 이기고 새롭게 시작하라고 하나님께서 주신 것입니다. 새로운 출발선에 선 마라톤 주자는 새로운 마음으로 시작합니다. 새로운 도화지를 펼친 화가는 새로운 마음으로 붓을 듭니다. 새로운 무대에 올라선 연주자는 새로운 마음으로 연주를 합니다. 살아 있는 모든 사람은 2022년이라는 새로운 출발선에 서 있습니다. 새해에 우리는 무엇보다 꿈을 꾸고 희망을 가져야 합니다. 하지만 매년 새해에 꿈을 가졌지만 그 꿈이 이루어지지 않으면 꿈을 접기 쉽습니다. 이 새해에 접어둔 꿈이 다시 이루어지길 바라고 희망을 가지시기 바랍니다.

성경에서는 희망을 바랄 수 없는데 바라는 것, 보이지 않는데 바라보고 기다리는 것을 말합니다.

"우리가 소망으로 구원을 얻었으매 보이는 소망이 소망이 아니니 보는 것을 누가 바라리요. 만일 우리가 보지 못하는 것을 바라면 참음으로 기다릴지니라"(롬 8:24-25).

흑인으로서는 드물게 할리우드 최고의 자리에 오른 모건 프리
먼. 그는 늦게 빛을 본 배우 중 한 명입니다. 연기력은 호평을 받
았지만 수십 년 동안 이렇다 할 조명을 받지는 못했습니다. 성공
의 길은 생각보다 멀었습니다. 1937년 멤피스에서 태어난 프리먼
은 결손 가정에서 자랐으며, 한때 시카고 남부의 길거리에서 불
량배들과 어울려 다니기도 했습니다.

유일하게 학교 연극부만이 그에게 있어 지긋지긋한 환경을 잠
시 잊게 해주는 도피처가 되었습니다. 열한 살이 될 무렵부터는
영화의 매력에 빠져 들었습니다. 못 쓰는 병을 모아 영화표를 사
서 하루가 멀다하고 극장을 들락거리기 시작했습니다. 고등학교
졸업 후 공군에서 레이더 정비사로 군복무를 마친 그는 큰 기대
에 부풀어 할리우드로 향했습니다. 그러나 그에게 관심을 갖는
사람은 아무도 없었습니다. 그는 쓰라린 현실을 깨달았습니다.

1950년대 후반의 할리우드에는 흑인 배우에게 돌아갈 역할이
극히 드물었습니다. 흑인이 연기자의 꿈을 꾼다는 것 자체가 무
모해 보였습니다. 오랜 기간 실직 상태로 있기도 했고, 초콜릿바
로 저녁을 때운 적도 많았습니다. 그래도 연기에 대한 열망이 가
득했던 프리먼의 그 후로 수년간 오디션과 단역을 전전했습니다.

생활비를 벌기 위해 임시직과 거친 잡역을 하면서 지내기도 했습니다. 이렇게 엑스트라만 하다 인생을 마치지 않을까 하는 두려움도 있었습니다. 주변에 같이 연기자로 뛰어 든 사람들은 다 그만두었습니다. 그러나 그는 연기자의 꿈을 포기하지 않았습니다. 단역을 맡을 수 없었을 때에도 연기 연습을 게을리 하지 않았습니다.

1995년, 배우가 된지 30년이 지나 58세가 되었을 때 비로소 그는 〈쇼생크 탈출〉의 고참 죄수역으로 오스카상의 남우조연상을 수상했습니다. 30년 동안 꿈을 포기하지 않고 기다린 그가 처음으로 연기자로서 빛을 본 것입니다. 그 이후에 〈세븐〉〈원티드〉〈브루스 올마이티〉〈딥 임팩트〉 등의 영화에서 주연으로 뛰어난 연기를 보였습니다. 지금은 할리우드에서 가장 핫한 배우가 되었습니다.

성경에 꿈을 가졌다가 중간에 포기했다가 다시 꿈을 가진 대표적인 사람이 아브라함입니다. 아브라함은 그의 나이 75세가 되도록 자녀가 한 명도 없었습니다. 농경사회에서는 자녀가 많아야 농사도 짓고 목축도 하는 것입니다. 그래서 자녀가 많은 것은 부의 상징이었습니다. 그런데 아브라함은 자녀가 한 명도 없었습니다. 아브라함이 아무리 재산이 많고 종이 많아도 자녀가 한 명도 없었기에 그는 사실 가난한 자였고, 내일을 향한 미래가 없는 자였습니다.

아브라함의 나이 75세가 된 어느 날, 하나님께서 그에게 나타나 가나안으로 가라고 하시면서 큰 민족을 이루게 해주시겠다는 꿈을 주셨습니다.

"여호와께서 아브람에게 이르시되 너는 너의 고향과 친척과 아버지의 집을 떠나 내가 네게 보여줄 땅으로 가라. 내가 너로 큰 민족을 이루고 네게 복을 주어 네 이름을 창대하게 하리니 너는 복이 될지라"(창 12:1-2).

하나님께서 그에게 나타나 큰 민족을 이루시겠다는 꿈을 주셨을 때 그는 뛸 듯이 기뻤습니다. 아브라함은 그 꿈을 가지고 한 번도 가보지 못한 가나안 땅을 향해 떠났습니다. 그런데 가나안 땅에 들어온 지 10년이 지났지만 큰 민족은커녕 자녀가 한 명도 없었습니다. 자꾸 나이는 먹어가고 하나님께서 그에게 말씀하신 그 꿈이 한낱 망상에 지나는 것이 아닌가 하는 두려움이 생겼습니다.

그는 이제 아들을 낳겠다는 꿈이 사라져가고 있습니다. 인간은 꿈을 먹고사는 존재입니다. 아브라함은 꿈이 점차 사라져가자 몸은 살아 있지만 영혼은 서서히 죽어가고 있었습니다. 그때 하나님께서 그에게 나타나셨습니다.

"이후에 여호와의 말씀이 환상 중에 아브람에게 임하여 이르시되 아브람아 두려워하지 말라. 나는 네 방패요 너의 지극히 큰 상급이니라"(창 15:1).

아브라함은 본토, 친척, 아비 집을 떠나 가나안 땅에 들어온 지 10년이 지났습니다. 그는 이제 그 꿈이 이루어질 확률이 없다고 생각하니 두려움이 생겼습니다. 우리는 내가 생각했던 꿈이 이루어지지 않으면 두려움이 생깁니다. 아브라함은 85세가 되니 아들을 낳을 수 있다는 꿈이 시들어가고, 이렇게 내 인생이 끝나는구나 하며 두려움에 빠져 있을 때 하나님께서 두려워하지 말라고 말씀하셨습니다. 아브라함은 하나님에게 자신의 속마음을 드러냅니다.

"아브람이 이르되 주 여호와여 무엇을 내게 주시려 하나이까. 나는 자식이 없사오니 나의 상속자는 이 다메섹 사람 엘리에셀이니이다. 아브람이 또 이르되 주께서 내게 씨를 주지 아니하셨으니 내 집에서 길린 자가 내 상속자가 될 것이니이다"(창 15:2-3).

아브라함은 자신에게는 이제 약속의 말씀을 믿고 10년이 지나도 자식이 없으니 자신의 종인 엘리에셀을 상속자로 삼아야만 할 형편이라고 말하며 투덜거리고 있습니다. 그러나 하나님은 아브라함에게 "엘리에셀은 네 상속자가 아니라. 너의 몸에서 반드시 아들이 태어날 것인데 그 아들이 상속자가 될 것이라"고 말씀하십니다.

"여호와의 말씀이 그에게 임하여 이르시되 그 사람이 네 상속자가 아니라. 네 몸에서 날 자가 네 상속자가 되리라 하시고"(창 15:4).

그러나 아브라함은 여전히 시무룩하였습니다. 하나님의 말씀과 아브라함의 눈에 보이는 현실이 너무 달랐기 때문입니다. 그는 이미 아들을 낳을 수 있는 나이가 아니었습니다. 그의 아내도 이미 생리가 끊어진 지 오래 되었습니다. 아브라함이 두려워하는 것에는 분명한 이유가 있었습니다. 우리 주위에 꿈을 갖지 못하는 이유를 들어보면 다 일리가 있습니다. 그러나 우리는 달라야 합니다. 우리에게는 내 능력 너머에 하나님이 계시기 때문입니다. 하나님께서 이제 아들 낳는 꿈을 포기하고 꿈을 이룰 수 없다는 두려움에 빠진 아브라함에게 두려움을 이길 수 있는 비결을 말씀하십니다. 그것은 하나님이 함께하신다는 것입니다. 다시 창세기 15장 1절을 보겠습니다.

> "이후에 여호와의 말씀이 환상 중에 아브람에게 임하여 이르
> 시되 아브람아 두려워하지 말라. 나는 네 방패요 너의 지극히
> 큰 상급이니라."

우리가 인생을 살다가 갑자기 두려움에 빠지는 것은 내 인생을 나 혼자 힘으로 산다고 생각하기 때문입니다. 우리의 인생은 나 혼자 힘으로 사는 것이 아닙니다. 우리를 이 세상에 보내신 분이 하나님이시고, 오늘 우리를 이 땅에 살게 하시는 분도 하나님이십니다. 하나님은 세상 끝날 때까지 우리와 함께하십니다.

> "볼지어다. 내가 세상 끝날까지 너희와 항상 함께 있으리라"
> (마 28:20).

하나님은 언제나 우리와 함께하십니다. 성경에는 두려움을 이기는 비결은 언제나 하나님이 함께하심을 믿으면 된다고 말씀하십니다. 하나님께서 세상 끝날까지 우리와 함께하심을 잊지 마십시오.

"두려워하지 말라. 내가 너와 함께 함이라. 놀라지 말라. 나는 네 하나님이 됨이라. 내가 너를 굳세게 하리라. 참으로 너를 도와주리라. 참으로 나의 의로운 오른손으로 너를 붙들리라" (사 41:10).

꿈을 이루려면 어떻게 해야 합니까? 첫 번째로 꿈을 이루려면 낙심에서 빠져 나와야 합니다. 하나님은 하나님의 말씀에도 여전히 시무룩한 아브라함을 밖으로 나오라고 하시며 눈으로 직접 꿈을 보게 하십니다.

"그를 이끌고 밖으로 나가 이르시되 하늘을 우러러 뭇별을 셀 수 있나 보라. 또 그에게 이르시되 네 자손이 이와 같으리라" (창 15:5).

하나님은 아브라함에게 낙심과 절망의 텐트에서 나오게 하였습니다. 대부분의 사람들은 젊은 날에는 꿈을 가집니다. 그런데 그 꿈이 오랫동안 이루어지지 않으면 곧 낙심하고 그 꿈을 버립니다. 꿈이라는 것은 금방 이루어지는 게 아닙니다. 꿈은 눈물의 기도와 믿음으로 숙성이 되어야 합니다. 어쩌면 보통 사람들이 꿈을 가졌다가 낙심하고 절망하는 것 역시 당연한 일인지 모릅니다. 그러나 낙심할 그때 믿음으로, 기도로 꿈을 계속 붙잡아야 합니다.

아브라함은 하나님과 대화를 하면서 하나님께서 그 절망의 텐트에서 나오라는 음성을 들었습니다. 여러분 중에 꿈을 가졌다가 포기하신 분이 있습니까? 오늘 말씀을 통해 그 절망의 텐트에서 나오십시오. 꿈은 눈물의 기도를 먹고 자랍니다. 꿈이 시들어갈 때 낙심하지 말고 기도하십시오. 기도는 꿈을 키우는 모판입니다.

우리는 자주 "하나님, 제가 무엇을 해야 합니까?"라고 물어봐야 합니다. 우리가 꿈을 포기했다고 해서 하나님도 우리에게 주신 꿈을 포기하신 것은 아닙니다. 하나님은 위대한 분이십니다. 위대하신 하나님은 우리에게 위대한 일을 행하길 원하십니다. 우리에게는 위대함이라는 씨앗이 있습니다. 젊은 날 가졌던 꿈을 포기하고 적당한 수준으로 사는 것에 만족하지 마십시오. 적당한 수준은 우리 믿는 자들의 운명이 아닙니다.

아브라함은 이제 적당히 아들 낳는 꿈은 포기하고 "종에게 재산을 상속하고 말겠어!"라고 포기하고 있는데 하나님은 그 자리에서 나오게 하셨습니다. 하나님은 아브라함에게 "너는 적당한 수준에 만족하라고 창조하지 않았다. 너는 아들을 낳을 수 없는 상황에서 믿음으로 아들을 낳아 수많은 사람에게 용기를 주는 대명사로 살게 할 것이다"라고 말씀하시는 것입니다.

하나님은 우리를 위해 새로운 기회, 새로운 관계, 새로운 도약을 준비해 놓으셨습니다. 나이가 많아도 괜찮습니다. 돈이 없어도 괜찮습니다. 인맥이 없어도 괜찮습니다. 눈에 보이는 어려운 현실 때문에 주저앉지 마십시오. 꿈을 포기한 자리에서 나오십시오. 주저앉은 자리에서 일어서십시오. 깊숙이 넣어둔 꿈을 다시 꺼내십시오. 건강을 포기한 자리에서 나오십시오. 하나님이 주신 은사를 포기한 자리에서 나오십시오. "나는 이제 끝났어!"라고 말하는 자리에서 나오십시오.

두 번째로 꿈을 이루려면 분명한 환상을 가져야 합니다. 하나님은 아브라함에게 절망의 텐트에서 나와 하늘의 별을 세어 보라고 말씀하셨습니다.

"그를 이끌고 밖으로 나가 이르시되 하늘을 우러러 뭇별을 셀 수 있나 보라. 또 그에게 이르시되 네 자손이 이와 같으리라"(창 15:5).

아브라함이 별을 세기 시작했습니다. 처음에 별을 셀 때는 그의 마음은 캄캄했습니다. 별의 숫자가 10, 20, 50, 100을 넘자 점점 그의 마음에 별들이 가득하고 빛이 가득해졌습니다. 별이 200, 300을 넘자 그의 캄캄한 마음에 별들이 천지였습니다. 눈을 감아도 별들이 가득하였습니다. 사람은 분명한 꿈을 마음에 품으면 눈을 감아도 그 꿈이 보이고 확신이 생깁니다.

호텔 왕 콘래드 힐튼은 호텔 벨보이에서 시작해서 세계 각지에 250여 개의 힐튼호텔을 세운 사람입니다. 어느 날, 그의 아들들이 물었습니다.

"아버지는 어떻게 해서 무일푼으로 시작하여 세계적인 재벌이 되었습니까?"

힐튼은 대답했습니다.

"노력이지."

그러자 장남이 못마땅한 표정으로 대꾸했습니다.

"아버지, 물론 노력이 중요하지만 그것만으로는 아버지 같은 일을 할 수 없어요. 아버지 회사만 해도 아버지보다 더 열심히 일하는 직원들이 얼마나 많은데요."

그러자 힐튼이 말했습니다.

"그래. 다시 생각해 보니 노력 외에 재능도 있었구나."

그러자 이번에 차남이 끼어들었습니다.

"아버지, 호텔에서 일정한 지위에 오른 사람치고 아버지만한 재능을 갖추지 못한 사람은 한 사람도 없다구요! 어떻게 아버지는 그들보다 월등히 뛰어난 일을 이룰 수 있었습니까?"

그제야 힐튼은 씨익 웃으면서 이렇게 말했습니다.

"I have a dream. 꿈을 가져야 한다. 나는 38센트의 봉급을 받던 벨보이 시절 세계에서 제일 큰 호텔 사진을 벽에 붙여 놓고 하루에도 수십 번씩 '나에게는 꿈이 있어! 나는 할 수 있어!' 라고 외치면서 그 호텔 주인이 되어 있는 나를 강렬하게 꿈꾸곤 했단다. 그때 내 주위에는 나보다 더 열심히 일하고 나보다 더 뛰어난 재능을 가진 자들이 많았지만 나처럼 강렬한 꿈을 가졌던 사람은 한 사람도 없었단다. 아들들아, 기억하렴. 지금도 여전히 호텔 직원으로 머물러 있는 사람과 나 사이에는 꿈이 있느냐 없느냐의 차이밖에 없단다."

사람은 가슴 속에 꿈을 가질 수 있는 유일한 존재입니다. 세상에 가장 가난한 자는 돈이 없는 자가 아니라 꿈이 없는 자입니다.

호텔 왕 힐튼이 남긴 말 중에 가장 유명한 말은 "대장간에서 아무렇게나 나뒹굴고 있는 쇠막대기로 말발굽을 만들면 그 가치는 두 배나 상승하고, 바늘을 만들면 67배, 고급시계에 들어가는 스프링을 만들면 5만 배가 상승된다."

우리 인생은 꿈도 없이 대충 살면 고철처럼 다루는 것이고, 위대한 꿈을 꾸고 가치 있게 만들면 고급시계에 들어가는 스프링보다도 더 소중한 존재로 만드는 것입니다. 우리 인생은 어떻게 위대한 꿈을 꾸고 어떻게 그 꿈을 향해 진행하느냐에 달려 있습니다.

이 새해에 여러분의 마음에 꿈이 주는 빛이 가득하시길 바랍니다. 환경은 중요하지 않습니다. 분명한 꿈을 가지십시오. 분명한 환상을 가지십시오.

이제 마지막으로 우리가 꿈을 이루려면 하나님을 믿는 믿음을 가져야 합니다. 하나님은 아브라함에게 하늘의 별들을 보여주시고 "네 자손이 이와 같으리라"고 말씀하셨습니다. 그때 아브라함은 하나님을 믿었습니다.

"아브람이 여호와를 믿으니 여호와께서 이를 그의 의로 여기시고 또 그에게 이르시되 나는 이 땅을 네게 주어 소유를 삼게 하려고 너를 갈대아인의 우르에서 이끌어 낸 여호와니라" (창 15:6-7).

우리 하나님은 우리가 꿈을 가지고 그 꿈이 이루어질 것을 믿고 살 때 기뻐하십니다. 아브라함이 꿈이 이루어질 것을 믿는 것은 자신의 능력이나 자신의 환경 때문이 아닙니다. 하나님을 믿었기 때문입니다. 사도 바울은 아브라함을 이렇게 말합니다.

"아브라함이 바랄 수 없는 중에 바라고 믿었으니 이는 네 후손이 이같으리라 하신 말씀대로 많은 민족의 조상이 되게 하려

하심이라"(롬 4:18).

아브라함이 믿음의 조상이 된 것은 그가 바랄 수 없는 중에 바라고 믿었기 때문입니다. 그는 한 명의 믿음으로 불가능한 것을 이룬다는 위대한 믿음의 길을 내었습니다. 우리는 아브라함의 후손으로 믿음의 길을 가야 합니다. 믿음의 길을 가는 자는 바랄 수 없는 중에 바라고 믿는 자입니다. 위대한 사람은 언제나 믿음으로 꿈을 품고 산 자입니다. 바랄 수 없는 중에 바라는 것은 믿음이고 희망입니다. 바랄 수 없는 중에 바라고 믿었다는 말은 아브라함과 사라가 이미 나이가 많아 아기를 낳을 수 없는 환경인데도 아기를 낳을 수 있다는 희망을 버리지 않았다는 것입니다.

미국에 사는 사람들은 마틴 루터 킹 목사님을 존경합니다. 그의 위대함은 그가 큰돈을 벌거나 유명한 정치인이었기 때문이 아닙니다. 그가 살던 시대는 흑인들은 사람 취급을 못 받으며 비참하게 살고 있을 때였지만 그가 믿음으로 꿈을 가지고 있었기 때문입니다.

"나에게는 꿈이 있습니다. 언젠가는 조지아 주의 붉은 언덕 위에서 노예들의 후손들과 노예소유주들의 후손들이 형제애의 식탁에서 함께 자리할 수 있을 것이라는 꿈이 있습니다.

나에게는 꿈이 있습니다. 나의 4명의 어린아이들이 언젠가는 그들의 피부색이 아니라 그들의 인격에 의하여 판단되는 나라에서 살게 될 것이라는 꿈을 가지고 있습니다.

나에게는 꿈이 있습니다. 언젠가는 어린 흑인 소년들과 어린 흑인 소녀들이, 어린 백인 소년들과 어린 백인 소녀들과 형제자매로서 손을 맞잡을 수 있을 것이라는 꿈이 있습니다.

나에게는 꿈이 있습니다. 언젠가는 모든 골짜기가 메워지고, 모든 언덕과 산은 낮아지고, 거친 곳은 평평해지고, 굽은 곳은 펴지고, 하나님의 영광이 나타나고, 모든 사람이 다 함께 그 영광을 보게 될 것이라는 꿈이 있습니다."

꿈이 이루어지지 않아도 됩니다. 믿음으로 꿈을 가지고 사십시오. 하나님은 꿈을 가지고 사는 자를 쓰십니다. 꿈을 가지고 사는 것 자체가 위대한 것입니다.

하나님은 아브라함이 아들을 낳으리라는 꿈을 믿었을 때 의로 여기고 기뻐하셨습니다. 진짜 믿음은 이해가 되지 않는 상황에서도 하나님을 믿는 믿음으로 꿈이 이루어질 것을 믿는 것입니다. 무슨 일을 만나도 낙심하지 마십시오. 믿었던 사람이 떠났습니까? 하나님은 더 좋은 사람을 만나게 해주실 것입니다. 큰 문제가 앞을 가로막고 있습니까? 곧 생각지 않는 길이 열릴 것입니다. 몸이 아픕니까? 곧 회복될 것입니다. 고난이 왔습니까? 하나님과 더 가까워질 것입니다. 꿈이 이루어지지 않습니까? 믿음으로 기다리십시오. 반드시 그 꿈이 이루어질 것입니다.

하나님은 멀리 계시지 않습니다. 지금 우리와 함께하십니다. 하나님이 왜 우리와 함께하십니까? 우리를 사랑하시기 때문입니다. 우리의 눈으로는 하나님을 볼 수도 없지만 하나님은 늘 우리 곁에 계십니다. 그 하나님이 나와 함께하심을 믿는 자는 이루지 못할 꿈이란 없습니다.

하나님께서 우리와 함께하심을 믿습니까? 그렇다면 이제 문제점을 보지 말고 우리와 함께하시는 하나님을 바라보십시오. 당신의 능력을 바라보지 말고 하나님의 능력을 바라보십시오.

하나님을 바라보는 자는 실패를 기대하지 않고 좋은 미래를 믿고 기대해야 합니다. 하나님은 우리 안에 새 일을 행하시길 원하십니다. 우리 인생의 크기는 우리가 누구인가에 의해 결정되는 것이 아닙니다. 우리가 믿는 하나님의 크기에 달려 있습니다.

여러분이 믿는 하나님은 어떤 분이십니까? 대부분의 사람들은 하나님이 온 우주를 창조하신 크신 분이라고 말은 합니다. 그러나 위기가 오고 고난이 오면 능력의 하나님을 믿지 않습니다. 정말 우리가 믿고 있는 하나님의 크기는 낙심이 밀려올 때 알 수 있습니다. 낙심이 밀려 올 때 크신 하나님을 믿고 두려워하지 않는다면 당신의 하나님은 크신 분이십니다. 그러나 낙심이 밀려 올 때 꿈을 포기하고 염려하고 두려워하면 당신이 믿는 하나님은 작은 분입니다. 하나님을 당신의 작은 생각 안에 가두지 마십시오. 하나님은 말씀 한마디로 천지를 창조하신 분입니다. 하나님은 사막을 옥토로 만드시는 분입니다. 하나님은 길이 없는 홍해에 길을 내시는 분입니다.

> "보라. 내가 새 일을 행하리니 이제 나타낼 것이라. 너희가 그 것을 알지 못하겠느냐. 반드시 내가 광야에 길을 사막에 강을 내리니"(사 43:19).

하나님이 원래 여러분에게 주신 은사를 포기하지 마십시오. 그 은사가 놀랍게 펼쳐지는 것이 하나님의 뜻입니다. 하나님이 주신 꿈은 하나님이 책임지십니다. 하나님이 주신 그 꿈을 포기하지 말고 품고 믿음으로 그 길을 향해 가십시오. 하나님은 믿음이 있는 곳에 역사하십니다. 반드시 하나님께서 이루어주실 것입니다.

말씀을 정리하겠습니다.

1. 꿈을 이루려면 낙심의 자리에서 빠져 나와야 합니다.

"내게는 미래란 없어!" 이런 말은 감옥에 오래 갇혀 있는 장기수들 사이에 유행하는 말입니다. 그런데 감옥 밖에 살면서도 아무런 희망도 없이 절망 속에 살아가는 자들이 많습니다. 이들은 몸은 감옥 밖에 있지만 실제는 감옥 안에 있는 자와 같습니다. 그런 분은 스스로 만든 감옥에서 나오십시오. 그 감옥에서 나오는 것이 바로 희망을 가지는 것입니다.

"나무는 희망이 있나니 찍힐지라도 다시 움이 나서 연한 가지가 끊이지 아니하며"(욥 14:7).

찍힌 나무도 희망이 있고 다시 움이 납니다. 찍힌 나무도 희망이 있는데 왜 사람인 우리가 조금 어려움이 있다고 꿈을 포기합니까? 하나님은 우리가 꿈도 없이 초라하게 살지 말고 꿈을 품고 꿈을 향해 행동하길 원하십니다.

2. 분명한 환상을 가져야 합니다.

하나님이 우리에게 주신 은사가 꽃필 것을 환상으로 바라보십시오. 120세가 되어도 눈이 쇠하지 않은 모세처럼 건강한 환상을 바라보십시오. 온 세계에 복음을 전하는 환상을 바라보십시오.

3. 하나님을 믿는 믿음을 가져야 합니다.

바랄 수 없는 중에 바라고 믿었으니 우리 인생에 최고의 날은 아직 오지 않았습니다. 하나님은 하나님을 사랑하는 자에게는 놀라운 미래를 준비해 놓으셨습니다.

> "기록된 바 하나님이 자기를 사랑하는 자들을 위하여 예비하신 모든 것은 눈으로 보지 못하고 귀로 듣지 못하고 사람의 마음으로 생각하지도 못하였다 함과 같으니라"(고전 2:9).

당신은 하나님을 사랑하십니까? 그렇다면 주먹을 불끈 쥐고 선포하십시오. "하나님께서 나를 위해 예비해 놓으신 것은 눈으로 보지 못하고 귀로 듣지 못하고 생각으로도 생각하지 못한 일들이 기다리고 있다."

새해입니다. 무엇보다 가슴 뛰는 꿈을 마음에 품으십시오. 영화감독 스티븐 스필버그는 매일 아침 "나는 가슴이 너무 두근거려서 도저히 식사를 할 수도 없을 정도다"라고 말했습니다. 세계의 최고의 거부인 빌게이츠는 "나는 날마다 거울 앞에서 왠지 좋은 일이 일어날 것 같다"고 하며 기대가 넘치는 삶을 살고 있다고 말합니다. 단 한 번뿐인 인생을 후회 없이 살고자 한다면 분명한 꿈과 환상을 가져야 합니다. 꿈은 보이지 않는 것을 미리 보는 것입니다. 꿈은 들리지 않는 것을 미리 듣는 것입니다.

우리 인생에 가장 빛나는 날은 우리의 과거가 아니라 앞에 있습니다. 우리 인생에 최고의 춤은 아직 남아 있습니다. 우리 인생에 가장 아름다운 행복한 웃음은 아직 남아 있습니다. 우리 인생의 최고의 꿈은 아직 펼쳐지지 않았습니다. 우리에게 새해가 있다는 것은 우리에게 아직도 이룰 꿈이 있다는 것입니다. 이 새해에 새롭게 꿈을 꾸십시오.